# 人生100年時代を豊かに生きる

樋口恵子　坂東眞理子

ヨタヘロしても
七転び八起き

ビジネス社

# はじめに

日本の高齢化率は29・1％、国民の約3人に1人が65歳以上です（2022年9月15日推計　総務省）。

オリンピックの種目に「高齢化」があるとしたら、これで堂々金メダル獲得。私たちは全人類の先陣をきって人生100年時代に乗り出しました。

はじめてのことですから、これからどんな社会になるのか、わからないことだらけです。お金は足りる？　何歳まで働ける？　病気や孤独とどう向き合ったらいい？　など、不安や心配を数え上げたらきりがありません。

ただ、目の前に広がる広大な大地には、誰の足あともないのですから、どこをどう歩いても自由。「年寄りとはこういうものだ」というこれまでの固定観念に縛られず、どんな生き方も選択できるのです。

50年も生きられなかった明治時代の人と比べたら、いただいた時間は2倍もあります。どうせ長生きするなら、幸せの時間も2倍にするぞの意気込みでのぞもうではありませんか。

ときにはつらいことや苦しいこともあるでしょう。でも、次の日には思いがけない喜びや感動が待っていることもある。これが人生です。最後は「ああ、おもしろかった！」とこの世にお別れできれば、最高ではありませんか。

本書ははじめての90代を生きる私、ヒグチと、はじめての70代を生きる坂東眞理子さんとの対談から生まれました。老いの現実にぶつかりつつも、私たちが経験したこと、考えたことをお伝えしつつ、人生１００年時代を楽しく生きるコツをみなさまと共有できたら幸いです。

樋口恵子

人生100年時代を豊かに生きる［目次］

# 第3章 転んでも立ち上がる

〔対談〕樋口恵子×坂東眞理子

## 第4章 昨日できたことが、今日できない

樋口恵子×坂東眞理子

## 第5章 大切なのは「食《しょく》」「触《しょく》」「職《しょく》」

樋口恵子×坂東眞理子

### 食——食べる

## 触――コミュニケーション

## 職――働く



# 第6章 宝ものはあなたのなかにある

樋口恵子×坂東眞理子

# 著者紹介

本書の第１章から第３章までは、昭和女子大学コスモスホールにて開催された「世田谷区立男女共同参画センターらぷらす」主催「らぷらすフェスタ講演会 どっこい人生対談!! 〜老いも若きも七転び八起き〜」（2023年7月22日）の内容をもとにしています。

当日は樋口恵子さんと坂東眞理子さんが登壇し、それぞれに講演され（第１章、第２章）、その後、対談を行いました（第３章）。

第４章から第６章までは書下ろしです。

## 樋口恵子（ひぐちけいこ）

女性の地位向上のために、執筆や講演など多方面で活躍中。今から40年ほど前に「高齢社会をよくする女性の会」を設立し、日本が直面する超高齢化社会に備えるための運動を展開。以来、老いの水先案内人として、積極的な情報発信を続けている。

## 坂東眞理子（ばんどうまりこ）

総理府（現・内閣府）入省後、そのキャリアの多くを女性政策に携わる。現在は、昭和女子大学総長を務めるとともに、男女共同参画社会の実現や、よりよい高齢化社会に向けて精力的に活動、さまざまな提言を行っている。70代、現役バリバリ。

第1章

どっこい人生対談……①

# 老いは個性的

樋口恵子

100歳まで生きるとしたら、あなたはあと何年?
どうせ長生きするなら、
人生もっと明るく賢く楽しまなくっちゃ!

# 年を取るのはやっかいだけど……

みなさま、こんにちは。立ってきちんとお辞儀をしたいところですが、若干膝を痛めておりまして、座ったままで失礼いたします。なんとか歩けるんですよ。でも、**ヨタヘロ期**（プラスひとこと❶）まっただ中。つい横着をして、車椅子の力を借りてまいりました。

年を取るというのはやっかいなものです。今日は杖を置いてきちゃったんですけれど、老眼鏡を忘れてえらいめにあったこともございます。出かけるたびにいろいろと準備が必要です。

ですが、杖を使えばヒョッコラヒョッコラ歩けます。老眼鏡があれば、ほとんど何でも見えますし、補聴器を使えば、まあまあコミュニケーションも取れます。うまく道具を使えば、私たちは老いと折り合っていくこともできます。

ただ、老い方は人それぞれです。私、もうちょっと若い頃は、年を取るということは、みんな似たり寄ったりのじいさん、ばあさんになることだと思っていました。ところが、老いというものには、一人ひとり個性があるのですね。

たとえば、私は今91歳ですが、生き残っている同級生や同世代の友人を見ますと、本当にさまざまです。

ある日、私と長電話をした友人が、そろそろ電話を切ろうかという間際に、こうおっしゃいました。「あなた悪いけれどね。電話もいいのだけれど、よければこれからはお手紙をくださらない？」。というのは、電話の声が聞き取りにくくなっちゃったんですね。「お暇なときでいいから、ちょこちょこっと何か感想でも書いて、お手紙をくださいよ」と。私、今のところ聞くほうも書くほうもなんとかできますから、「はいはい、かしこまりました」ってなものです。

　その翌日か翌々日、今度は別の友人から電話をいただきました。すると、その方も遠慮がちにおっしゃるのです。

「あなたね、月にいっぺんでいいから、朝、3分か5分、こうして私とお話してくださらない？　あなたの元気な声を聞いて、こちらも元気をもらいたいのよ」と。

　電話をするのはお安いご用。「だけど、急にどうして？」と聞きました。その方、電話というより手紙派で、実に筆まめな方でしたから。それがしばらくご無沙汰しているうちに、利き手の人差し指、中指、薬指の3本が、ご病気でまったく動かなくなってしまったのだそう。字が書けないから、これからは電話でお話したいということだったのです。

　私に手紙をくれと言った彼女は、おしゃべりで有名な人でした。けれど、その好きなおしゃべりが聞こえなくなるときが、ある日やってくる。目が見えない、手が動かない、足が動かない日がやってくる。長生きになった分、みんな体のあちこちにガタがきます。そして、その道筋は一人ひとりみな違います。

このようにそれぞれ別のところに不自由を抱える人たちが一緒に生きる社会が、これからの高齢化社会です。最近よく耳にするダイバーシティとは、日本語に訳せば多様性ですが、老いこそダイバーシティなのです。

老人問題とか老年医学といいますが、ひとくくりにはできません。一人ひとりの老いに個別に寄り添える医療や技術、制度や暮らしの知恵というものを発達させていかなければなりません。同時に、老いとはかように個性的なものであるということを、私たち自身が理解し合うことも大切だと思っております。

「らぷらすフェスタ講演会」にて撮影。
追加席が出るほどの人気。

プラスひとこと 1

## ピンピンとコロリの間には、ヨタヘロ期がある

今回の講演会のように人さまの前でお話しさせていただくことを、私は〝老いの実況中継〟と言っています。自分がどんな年寄りになるかなんて、誰もがなってみなきゃわかりません。そこでこうして我が身と恥をさらけ出し、少しでも老いの真実をお知らせしようというわけです。

そうでないと、みなさん勘違いしてしまいます。テレビや雑誌で「100歳バンザイ！」とばかりに紹介されるのは、一部の特別お達者な方々です。それなのに、自分もああなれると思い込んでしまうんですね。

その結果はびこったのが〝ピンピンコロリ願望〟です。実態を知らないから、昨日まで元気で今日コロッと死ねると思ってしまう。

いやいや、そんなの幻想です！　と、大いに盛り上がったのが、『百まで生きる覚悟』（光文社新書）の著者であり畏友の春日キスヨさんとの会話です。

みんなピンコロ願望を口にするだけで、何の準備もしてないじゃないか。

そうだ、そうだ！

というわけで、そこからインスピレーションを受けて生まれたのが「ヨタヘロ」という言葉でした。

立ち上がるたびに、いちいちヨッコラショ。買い物に行くのも、もうシンドイ。痛いところだらけで、何をするのもヨタヨタヘロヘロのヨ

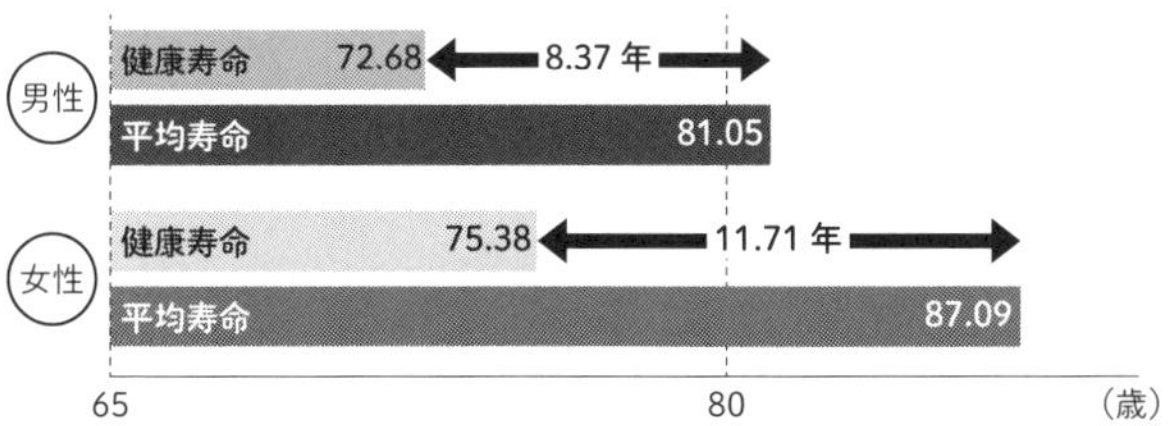


健康寿命とは､「自立した生活を送れる期間」。「平均寿命」と「健康寿命」の間には、女性で約12 年、男性で約8 年の差がある。

タヘロ期。この期間をどう過ごすかで、老いの幸福度に差が出るのです。

## ○人生の約10分の1はヨタヘロ期

ヨタヘロ期がいつやってくるかは、人それぞれ。一つ目安になるのは、「平均寿命」と「健康寿命」の間です。健康寿命は、厚労省がいうところの自立した生活を送れる期間です。２０２３年に発表された「平均寿命」は、女性87・09歳、男性81・05歳。「健康寿命」は、女性75・38歳、男性は72・68歳（２０１９年発表）。その差は、女性で約12年、男性で約8年もありますから長いです。人生１００年とすれば、約10分の1をヨタヘロして過ごすことになります。

# えー、89歳でもがんになるの⁉

89歳のある日、左乳房にしこりのようなものを発見しました。皮膚の表面がちょっと硬くなっているんですね。もう少し若い方なら乳がんを心配なさるでしょう。でも、私の年齢では、とっくに卒業したものと思っておりました。

ところが、病院で検査してもらったら、これは確かにがんである、と。驚きました。「この年でも乳がんになるんですか?」とうかがうと、「100歳でなる方もいます」で、2度びっくり。進行はおだやかでも、がんはがん。今のうちに手術で取ってしまうのがいちばんだという診断でした。

たとえ小さな乳がんであろうと、場所が場所。手術は部分麻酔というわけにはいきません。全身麻酔で行うことになりますが、高齢者にとってのネックは、やはり心臓に大きな負担がかかること。人にもよるのでしょうが、危険なく手術を行うためには、3年でも5年でも若いほうがいいのだそうです。

若いほうがいい理由は、心臓以外にもありました。私が、まず医者に言われたこと。それは、なんと「口を開けて歯を見せよ」でした。

私の歯といえば、唯一自慢の歯でございます。「8020（ハチマルニイマル）」、つまり「80歳になっても20本は自分の歯を持とう」という運動がありますが、私、それは見事にクリア。ですから、てっきり褒めてくれるのかと思いました。そうしたら、先生がひとり言のように、こうおっしゃるじゃありませんか。

「手術するとしたら、この歯は何本か抜かなければならないかもな……」

「えーー！　それ、どういう意味ですか？」

慌てますよね。これがもし60代、ましてや50代、40代でする手術だったら、また話は変わるのだと思います。でも、80代、90代の身となりますと、歯肉も衰えて多少ぐらつく歯もあるでしょう。そういう歯があると、口に人工呼吸器を装着したとき抜け落ちてしまう可能性があるのだそうです。それが喉に詰まれば、みなさんご存知の誤《ご》嚥性肺炎《えんせいはいえん》です。

もちろん、必ずそうなるというわけではありません。千に一つか万に一つかわかりませんが、そんな危険もあるということです。そんなわけで、手術の前には、こうした歯科検診も欠かせないということでした。

ハァ……とため息。柄にもなく意気消沈しておりましたところ、以前、新聞広告で見た本のタイトルを思い出しました。『歯は抜くな』(笑)。

そうだ、そうだ！　私だって抜きたくはないよと、それからはいつにも増して一生懸命ブラッシングなどをいたしました。結果的には、これなら抜かなくていいだろうということになり、ひと安心でした。

他にもあれこれ検査を重ねて、実際手術を受けたのは、昨年２０２２年の４月15日。

私は誕生日が5月4日ですから、90歳を迎える半月ほど前のことでした。おかげさまで無事成功し、こうしてなんとか生きております。

つくづく思いましたのは、病気もまた個性的だということです。病名は同じでも、手当の処方はこちらの年齢によってみな違う。年を取るほど何が起こるかわかりません。ですから、主治医といいましょうか、しっかりと相談にのってくれるお医者さんがいると心強いです。そして、心配なことがあったら、**とにかく早めに診てもらう**（プラスひとこと❷）のが大事。私自身への反省も込めて、ぜひみなさまにお伝えしたいことです。

では、ここで一句。

## 90歳　がんも身のうち　気をつけよう

プラスひとこと 2

## 病気を詠んでみました

他にもこんな句を作りました。

「無用と思うな90の乳房　がんが棲み着く　はびこるぞ」

「90歳　しなびた乳房も　がん宿る」

治療の負担を少なくするためにも早期発見が大事です。年を取ったらもう大丈夫。今さら検診なんて……と思わずに、女性は、時々胸を観察してみてください。私も、最初に気づいたのはお風呂の鏡をふと見たときでした。

## 何歳になっても「死にたくない！」

不甲斐ないことですが、がんと診断されたとき、やはりショックでした。目にはうっすら涙さえ浮かびました。当時の私は89歳。今70歳の方からすれば、人生あと19年もあるわけですから、おそろしく長生きです。それなのに、うろたえました。

小学生のとき重い腎盂炎《じんうえん》にかかり、主治医には「このお嬢さんは、子どもなんか産めないね。妊娠しても、その間に子癇《しかん》（妊娠中毒によるけいれん発作）か何か起こして死んじゃうよ」と宣言されました。わりと親しいお医者さんだったので、そういう言い方をされたのです。けれども結果的には、一人だけでしたが娘を無事に産み育て、今も親子ゲンカの絶えない日々を過ごしております。

13歳のときには肺結核になって、高等女学校を1年休学。絶対安静の療養生活を続けました。その後すっかり元気になっちゃって、このありさまです。

とにかく、このいかつい顔と体に似合わず、私は病弱で、医学的には非常にあぶない〝どっこいどっこい〟の橋を渡ってきたのでございます。

そして89歳まで生きて、今度はがん。この命も、もしかするとあとわずか……という方向へ行くやもしれません。そこにいらっしゃる60代の方、「89歳まで生きりゃ、もういいじゃないか」と内心お考えでしょう（笑）。

ところが、私、なんと思ったか。

「えー、もうおしまい？　つまんないのー」。これであります。

お名残惜しや、この人生。もっといろいろな人とお付き合いしておきたかった。もっといろいろな活動をしておきたかった。そうした思いが、大きなうねりのように湧き上がってきたのです。90歳目前にして、我ながら未練たらしいことでございます。

仏頂面の娘に小言ばかり言って過ごした日々でしたが、これでもけっこう世の中を楽しんでいたのですね。

## 全身からあふれ出る感謝の心

ところが、人間には二面性があります。「死にたくないー!」とみっともなくゴネるのが一方のヒグチさんなら、もう一方のヒグチさんもいます。どう表現したらいいか、体中からわーっと感謝の念があふれ出てきたのですね。

小学校6年生の3学期、「アニ　キトク　スグカエレ」の電報で集団疎開先から呼び戻されて、たった一人の兄を見送りました。15歳、結核でした。

兄は私よりはるかに頭が良くて、早熟な文学少年でした。東京中の古本屋を歩き回って、歴史や古典、海外文学など、知識、教養を身につけるなら最低限これだけは必要と思われるような本を、小遣いの範囲内でコツコツと買い集めていたのでしょう。兄の形見は、大きな本棚2本分はある古本と、子猫一匹でした。

先ほどお話ししたように、その後、私も結核で長い療養生活を送ることになりました。その間、何もすることがない私がひたすら読みふけったのが、この兄が遺してくれた書物たちでした。

妹をちっともかわいがらず、不器量だとさげすんでばかりの憎っくき兄でした。けれども、今、こうして私が評論家や文筆家の端くれのような仕事が務まりますのも、あの頃読んだ兄の古本があったからです。

自分に命を授けてくれたのは両親です。しかし、それだけではない。形はどうあれ、私たちは家族や友人など、いろいろな人の命をいただいて今生きています。そのことに対する感謝で身を震わす自分もまた、紛れもないヒグチなのでした。こういう自分自身を、私は案外好きだなと思います。

91歳になりました。みなさんのなかには、70歳になった方、80歳になった方、いろいろいらっしゃると思います。いずれにしましても、自分史上最高年齢を生きる私たちが、今、ここで出会い集えています。これもまた、さまざまな危機はあったものの戦後の日本が平和だったおかげではないでしょうか。

高齢化するということは非常にむずかしく、毎日あえぎあえぎでございます。しかし、すべてに「おかげさま」と感謝して、私の話をいったん終わりにしたいと思います。ありがとうございました。

第2章

どっこい人生対談……②

# 70代は
# ゴールデンエイジ

坂東眞理子

70代は気力もやる気も十分。
余生なんてまだまだ早い！
私は今でも自転車をこいで、
スニーカー通勤しています。

# 老いのトップランナーに続け！

91歳の樋口さんのお話でした。ご自身は老いのトップランナーを自認されておられますが、変わらずお元気です。樋口さんの存在そのものが、みなさんを力づけたのではないかなと思います。本当にありがとうございます。

樋口さんとは、私が公務員だった頃からのお付き合いです。当時、樋口さんは新進気鋭の評論家。行政の審議会などでもズバズバご意見をおっしゃり、テレビでもよく女性の問題について鋭い発言をされている方でした。

今日の講演でもみなさん感心されたかと思いますが、樋口さんといえば、言葉の達人です。定年退職後の夫の様子を形容した**「濡れ落葉」**（**プラスひとこと❸**）などもその一つ。言葉で時代の一面をスパッと切り取り、私たちにわかりやすく見せてくださる力は、今も変わりません。

そして、樋口さんのなさったことでいちばん社会を変えたのは、やはり**介護保険制度**（**プラスひとこと❹**）の後押しではないでしょうか。今でこそ高齢化社会においてなくてはならないインフラとなった介護保険ですが、これは樋口さんと、樋口さんが中心となって誕生した「高齢社会をよくする女性の会」が声を上げて、２０００年に実現したものでした。

介護といえば娘や嫁がするのが当然だと考えられていた時代にあって、それではあまり

「らぷらすフェスタ講演会」では、
たくさんの聴衆が話に耳を傾けた。

にも不公平じゃないか、高齢者は社会全体で支えるべきで、誰の人生も犠牲にしてはいけないということを提言された。これが介護する側、される側両方の意識も変えました。働く女性の先輩として、老いの先駆者として、たいへん尊敬しております。

プラスひとこと 3

## 「濡れ落葉」誕生秘話

「濡れ落葉」は、１９８９年の流行語大賞・新語部門表現賞を受賞しました。でもこれ、私がつくったのではなく、ある主婦の方のグチから生まれたものなんです。

定年退職後ヒマをもてあました夫が、妻ベッタリでどこにでもついてくる。そんな夫を称して「まるで濡れた落葉のようでございます」とおっしゃったのが、私の言葉のアンテナにビビビと引っかかったんですね。おもしろがって、「濡れた落葉」から「た」を抜き、あちこちの講演会で披露するうちに全国に広がっていきました。

その後は調子に乗って、

「濡れ落葉　乾いて自力で立ち上がれ」

と、世の定年夫にハッパをかけました。

プラスひとこと 4

## 介護保険は時代とともに進化させていかなくっちゃ！

仲間とともに「家族介護から社会介護へ」を訴えて活動していた頃、私、こんな替え歌をつくりました。原曲は、都はるみさんの『北の宿から』です。

♪あなた介護はまだですか　日ごと手足が弱ります
来てはもらえぬヘルパーを　おむつ濡らして待ってます
介護保険は幻でしょうか　福祉貧しい日本の国♪

この歌は3番まであって、確か2番の出だしは「あなた生きてもいいですかぁ〜」。

当時ご健在だった加藤シヅエ先生がある集会で「あまりの切なさに涙が出ます」とおっしゃいました。

あれから20年以上たち、日本は前人未踏の超高齢社会に突入しました。介護保険があっても、果たしてすべての高齢者が十分な介護を受けられるか心配です。

「あなた生きてもいいですかぁ〜」と肩身の狭い思いをする人を一人でもつくってはいけません。介護保険制度は、時代とともに育てていくもの。まだまだ進化が必要です。

# 70代こそ働き盛り

さて、私も70代になって、自分より年上の人が少なくなりました。周りを見れば、みんな若い人。どこへ行っても、自分が最年長者であることが多くなったと気づきます。これ、あんまりうれしくないんですね（笑）。

本人の実感としては、やる気も気合いも十分。50代、60代でわからなかったことが、70代になってわかることがありますし、今だからできること、やりたいこともたくさんあります。

ところが、若い人からは「無理なさらないでくださいね。そんなに責任ある仕事をしなくてもいいんじゃないですか？」なんて言われます。確かに物理的には年を取って、見た目も衰えてくるわけです。いたわられるのも仕方がないのかもしれません。70代で頑張ることは年寄りの冷や水なの？　とつい弱気になって、心が揺れ動くこともあります。

そんなとき私を勇気づけてくれるのが、やはり樋口さんの存在です。

「70代なんてまだまだ若い！　振り返ってみれば、私の70代はいちばんの働き盛りでした」

この樋口さんの言葉にどれだけエネルギーをいただいたことでしょう！　ホント、いいことおっしゃいます。

70代は、どこへでも自分一人で行けます。タクシーなんか使わなくても、公共交通機関にスイスイ乗れます。気持ちだけじゃなく、体もまだ若いんです。実際、私は、この暑さ（2023年8月現在）でちょっとメゲてはいますけれど、**自転車をこいで**（**プラスひとこと❺**）、スニーカー通勤しています。みんなに「ヒヤヒヤするから、やめてくれー」と言われているんですが（笑）。

プラスひとこと 5

## ババチャリで孫の送り迎え

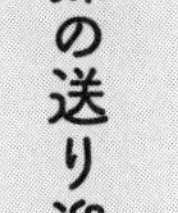

自転車は私の足です。若い頃は娘を乗せて保育園の送迎や買い物で走り回っていましたし、孫ができてからは、ワーキングマザーの次女の子どもたち3人を、それぞれ保育園に送迎しました。ママチャリならぬ、ババチャリですね（笑）。

## まだまだ男女格差が大きい日本

ここからは高齢者の話から少し逸れますが、聞いてください。

今年2023年の6月、イランの首都テヘランに行ってきました。テヘラン大学で2つの講演、在留邦人の方々に向けての講演と交流が公式の仕事でした。ただ、それ以上に、女性の権利や生き方についても深く考えさせられた旅となりました。

イランは2023年の「ジェンダーギャップ指数（男女格差を数値化したもの。世界経済フォーラム発表）」で見ますと、146カ国中143位の国です。

イランでは、1979年にイラン革命（イスラム革命）が起きました。それまでの王権政治が倒されて、宗教指導者のホメイニ師が、イスラム教を社会の隅々まで浸透させるような国家をつくったんですね。

そんななか、それまでは女性の進学率が男性より高く、女性のお医者さんや科学者もたくさん輩出するような女性活躍社会だったイランが変わってしまいました。女性は進学がむずかしい、仕事に就くのがむずかしい。そこでジェンダーギャップ指数も143位に落ちてしまったわけです。

では日本は？　といえば、146カ国中なんと**125位**（プラスひとこと❻）。残念ながら、イランと五十歩百歩です。

ジェンダーギャップ指数は、政治、経済、教育、健康の4つの分野で評価するものですが、日本の場合、健康と教育の分野ではそれほど男女差はないんです。健康分野でいえば、みなさんご存知のように平均寿命は女性のほうが長いし、教育分野の4年制大学進学率をとってみてもほとんど差がありません。この2つの分野は世界でもトップクラスです。

ところが、政治となると、衆議院の女性議員比率は1割しかなく、過去に女性の首相は一人もいません。経済面でも賃金格差や女性管理職が極端に少ないなど、ギャップは深刻です。公務員時代から女性問題に取り組んできた私としては、反省も含めて、まだまだやらなくちゃいけないことがたくさんあるなと痛感させられます。

また、イラン滞在中は、女性のヒジャブのことも話題にのぼりました。ヒジャブというのは頭髪を覆う布のことで、革命以降、女性が着用することを厳格に義務づけられるようになったものです。

昨年2022年のこと。そのヒジャブから髪がはみ出していたのを理由に、ある若い女性が警察に拘束され、その後亡くなってしまうという事件が起きました。それを機に、女子学生を中心にした抗議デモが各所で行われたんですね。すぐに鎮圧されたものの、現地の方々はそのことをよく覚えていました。

「若い女性が勇気をもって声を上げたんだ」

「私たちも必死に応援したんです」

そんなことを口々におっしゃっていたのが印象的でした。

イランに比べたら、日本の女性はたいへん恵まれた自由な環境にあります。それを十分活用できているだろうかと考え込んでしまいました。

プラスひとこと 6

## 女性目線に欠ける自治体の施策

本当、日本の男女平等は遅れています。たとえば、今、「地方創生」が叫ばれていますが、その政策の中身に女性目線がないのもジェンダーギャップです。出産可能な若い女性が出ていってしまう自治体は消滅危機に瀕する、というところまではわかっているんです。でも、その先へ進まない。

女性たちはなぜ故郷を捨てたのか？　何を望むのか？　女性が生きやすく

なる条件とは何なのか？　創生のカギはそこに隠されているのに、誰も女性の声を聞こうとしないからです。また、そういう自治体に限って、女性議員がゼロだったりするんですね。

日本のジェンダー問題の夜明けは遠い！　私もまだまだボケてなんかいられません。

# 次の世代の女性たちに羅針盤を！

私は樋口さんよりも半世代若いですが、同じ大学（東京大学）の卒業生です。

本当に女性の進学者が少ない時代でしたが、それでも樋口さんの頃に比べれば多かったのでしょう。入学したとき、「最近の女子学生はインフレで数が増えたけれど、質が低下した」などと悪口を言われました。

まだ男女雇用機会均等法など影も形もなかった時代ですから、就職には苦労しました。高度経済成長まっただ中で、男子学生は民間企業から引っ張りだこ。なのに、女子学生はまったくお呼びがかからないんです。どこも門前払いで、結局、公務員の道を選ぶしかありませんでした。消極的な理由からでしたが、働く場があったのですから運がよいほうです。

意欲ある優秀な女性たちが、仕事に就けない。就職したとしても、子どもを産んだら辞めざるを得ない。同世代のたくさんの女性たちが、志なかばで社会の片隅に追いやられてしまいました。その死屍累々のなか、私はなんとか生き延びたわけです。

先ほど樋口さんから戦後の平和に感謝したいとのお話がありましたが、その平和は、戦火を生き延びた人々が、過去の多くの犠牲を無駄にしないよう、「自分たちが平和で豊かな国づくりをするのだ」と、力を尽くしてくれたおかげだと思います。

女性にとって不遇の時代になんとか仕事を続けてこられた私もまた同じ思いです。私世代の女性の無念を、次の世代の女性たちに味わってほしくありません。私自身、多くの人に支えられてここまできました。その恩返しの意味でも、彼女たちがもっと自由にいきいきと道を拓くための羅針盤を残したい。それが、私のように年を重ねた者の役割ではないかなと思っています。

## 時代は確実に変わっている

今もまだ、女性たちは十分に能力を発揮できているとはいえません。仕事と家庭の両立に悩み、自己肯定感がもてずにいる女性もいます。

ただ、うちの昭和女子大学の学生たちの間でも「子どもを産んでも仕事を続けたい」「定年まで働きます」という考え方が当たり前になりつつあります。男女雇用機会均等法と、育児・介護休業法ができたことで、変化は、ジワリジワリとではありますが、確実にやってきています。

たとえばこの大学にはキャンパスに隣接する「昭和ナースリー」という認可保育園

があるのですが、職員の話では、そのナースリーに朝子どもを送ってくるのは、父親が90％だそうです。私は増えてきたけれど6、7割かなと思っていたので、うれしい驚きです。お迎えはまだ母親のほうが多いようですが、男性たちも意識が変わったんですね。昔のように子育てを女性まかせにするなんて、逆にかっこ悪いという風潮ができつつあるのかもしれません。

こうした変化のなかで、女性たちにはもっと活躍の場を広げてほしいと思っています。２０２３年は、男女雇用機会均等法（１９８６年施行）の第一期生が60歳を迎えた年です。会社でそこまでキャリアを磨いてきたなら、ぜひ役員や管理職などの**リーダーを目指していただきたい**（プラスひとこと❼）。政府も上場企業に対して、２０３０年までに女性役員の比率を30％まで上げなさいという目標を提示しています。せっかくチャンスがめぐってきたんです。どんどんチャレンジしていきましょうよ。

プラスひとこと 7

## 上のポストに就くメリット

「上のポストになると、責任も重いし風当たりも強い」
「女性管理職は、男性社員からも女性社員からもねたまれる」
「私はいい仕事をしたいだけで、えらくなりたくない」

そんな声をよく聞きます。でも、それはひと昔前の〝あるある〟です。思い込みに縛られて女性たち自身が責任あるポストに就くことを避けていては、現実はなかなか変わりません。

私が見るところ、女性のなかにもリーダーに向いている人はたくさんいます。ぜひ手を上げてほしいと思います。

上のポストに就けば、時間や予算について自分の裁量がきくようになるし、良い情報も入ってきやすくなります。会議を短くして残業を減らしたり、不得手なことは部下にお願いするなど、自分が働きやすくなるようなマネジメントも可能です。昇進はデメリットより、メリットのほうが大きいんですよ。チャンスがあれば、どんどん挑戦してください。

# みんなで集える「じじばば食堂」をつくりたい

女性のあり方同様、これから変化を求められるのが、高齢化社会のあり方です。高齢健康でイキイキと生活するために、私たちに何ができるんだろう？

以前、樋口さんとそんなお話をさせていただいたことがありました。そのなかで出てきたテーマの一つが「食」でした。

私たちの世代は、「男は仕事、女は家庭」のような性別役割分担意識が強いんです。食事にしても、妻が「作る人」で、夫が「食べる人」。だから、妻に先立たれておひとりさまになった男性は、自分じゃごはんも炊けません。同じくおひとりさまになった女性も、食べさせる相手がいなくなって気が抜けてしまうのでしょう。手抜き料理が続いて栄養不良になってしまう人もいるようです。

昔と違って未婚や非婚の独身者も増えています。その人たちが高齢化して自分で料理するのがむずかしくなれば、同じように食の問題に直面するでしょう。

なんとかみんなで支え合えないかしら？　樋口さんとはそんな話をしました。

そこで思いついたアイディアが、「子ども食堂」ならぬ「じじばば食堂」です。子ども食堂は、貧困家庭や孤食、欠食の子どもに手を差し伸べて成果を上げています。孤立する高齢者だって放っておけません。やはり、食事はみんなで食べたほうが美味しいし、楽しいです。そして、そんな時間が、私たちの元気な体と心をつくってくれるのだと思います。

コロナ禍では、「不要不急の外出はしない」「密にならない」といった生活をしなければなりませんでした。外食はおろか、人と会うのも話すのも控えて家に閉じこもり、気分が落ち込んでしまった人も多いのではないでしょうか。高齢者の巣ごもり生活は認知症予防の面でも悪影響です。

食堂という形でなくても、ご近所の方と誘い合って家で一緒にごはんを食べるだけでもいいじゃないですか。家に人を呼ぶといっても、わざわざ凝った料理などつくらなくていいんです。コンビニのお弁当や出来合いのお惣菜でも持ち寄ればそれで十分。みんなで賑やかにわいわい食べればそれがごちそうだし、気分転換にもなります。

私は、人生後半戦を豊かに過ごすために大切なのは、「キョウヨウ」と「キョウイク」だと思っています。「キョウヨウ」とは教養ではなく「今日、用をつくる」こと。「キョウイク」とは教育ではなく、「今日、行くところをつくる」こと。誰かの家にごはんを食べにいくことも立派な**「今日、用」「今日、行く」**（**プラスひとこと❽**）です。

そして本日、ここにお集まりのみなさんは、わざわざこの講演会に申し込んでこうして足を運んでくださったのですから、「今日、用」「今日、行く」のオーソリティなんですよ。

プラスひとこと 8

# 積極的に出かけましょう

今日することがなく、行くところがない人は、朝、布団からなかなか起きられず、気がつけばお昼なんてことも。そんな習慣がついてしまえば体力が低下し、やがて筋肉も衰えてしまいます。

本当にそう。年を取ると何をするにも億劫です。私の場合、それでも朝「エイッ、やあ！」と起き上がれるのは、おかげさまでこの年になっても、なんやかやと仕事があるからです。

もちろん、仕事じゃなくてもかまいません。ボランティア活動、習い事や趣味の集まり、観劇、コンサート……など、あえて出かける用事をつくりましょう！

出かける用事があれば、一日の生活リズムが整います。人と会うとなれば身支度もしっかりするし、気持ちが華やいで生活にメリハリがつくんですね。

夕食のための買い物に行くのでもいいじゃないですか。買い物に行ったら、ついまとめ買いしがちですが、高齢者はできるだけこまめに、を心がけて。牛乳1本でも毎日歩いて商店街やスーパーに行くのがいいですよ。

要支援・要介護の人なら、デイサービスに行くのも大事な「今日、用」「今日、行く」です。

# 「老いの呪い」にかからないで

バブルの頃、「女性とクリスマスケーキは同じ」という言葉が流行ったのを覚えていらっしゃいますか？　ケーキも女性も25日、25歳を過ぎて売れ残ると、価値がなくなるという意味です。嫁き遅れ、嫁かず後家、オールドミスなど、まあ、さんざんな言われようで、ひどい話です。１９８０年代のことなのに、「女は嫁にいくのが当たり前」という封建時代のような固定観念が残っていたんですね。

こういう偏見や無意識の思い込みのことを「アンコンシャス・バイアス」といいます。有名なところでは、森喜朗元総理がついポロリと発言してしまった「女性がたくさんいる会議は時間がかかる」。あれもつまりは「女は話が長くて、めんどくさい」というアンコンシャス・バイアスなんです（笑）。

「結婚して子どもを産むのが、女性の幸せ」

「少しくらい頭が悪くても、みんなに愛されるほうがトク」

「女子は理系に向いてない」

みなさんも、若い頃、そんな言葉を聞かされませんでしたか？　それ、すべてアンコンシャス・バイアスなんですよ。

アンコンシャス・バイアスのいちばんの問題点は、周りから押しつけられるというより、いつの間にか本人が「そうなんだ」と信じ込んでしまうこと。知らないうちに自分で自分の考えや行動を縛って、不自由にしてしまうことなんです。本当はできるのにできないと思い込んで、可能性を狭めてしまうんですね。刷り込みって恐いんです。私はこれを「女子への呪い」と呼んでいます。

昔かけられた「女子への呪い」は、年を重ねた今、同じような「呪い」となって私たちを取り込もうとしています。

女の子にはできっこない → 年寄りにはできっこない、どうせムリ
女の子はおとなしくしていたほうがいいよ → 年寄りは出しゃばるな
若さこそ女の武器→年をとったら〝終わった人〟

こうして私たちは、年をとったという理由だけで無力感にさいなまれ、「あとはもう余生」とあきらめてしまいます。

でも、人生１００年時代、余生だなんてまだまだ早い！　今こそ**呪い**（プラスひとこと❾）を解きましょうよ。今日のような講演会やトークショーでもいいんです。機会があったら、これからもいろいろな人たちのお話を聞いてみてください。自分が今まで当たり前だと思っていたこととは違った話が出てきて、「へえ〜」「そうなの？」「まさか！」。それだけでも刺激になると思いませんか？

私自身も含め、余生ではなく、これからが新しいステージのはじまりです。みなさん、ぜひご一緒に与えられた命を最後まで輝かせていきましょう。

プラスひとこと 9

## こんな呪文にご用心！

「いい年をしてそんな派手なかっこうをしてみっともない」
「もう若くないから、そんなのムリ」
「○○するにはもう遅い」
「人生のピークは過ぎた」
「これからは下り坂で夢も希望もない」
「高齢者は頭がかたくて融通がきかない」

「スマホなんか、あっても使えないでしょ」

「年を考えなさい、年を！」

こんな言葉を聞いたら、それは知らない間にかけられた「老いの呪い」。単なる偏見、思い込みです。騙されちゃいけませんよ！

# 第3章

どっこい人生対談……③

# 転んでも立ち上がる

【対談】

樋口恵子×坂東眞理子

私たち一人ひとりがこれからどう生きるか、
その積み重ねが
時代を変えるパワーになります！

# 病気をして猫に慰められる

**坂東**　89歳での乳がん。驚きましたが、今はすっかりお元気になられたようで安心しました。

**樋口**　お医者さんがお上手だったのでしょう。手術そのものは2時間半程度で終わり、麻酔から覚めたときもちっとも痛くなかったんです。メスを入れたのですから、1晩か2晩はうなる覚悟をしていたんですけれどね。その後の回復も順調で、先日も半年に一度の検診を受けたばかりですが、まったく問題はありませんでした。

**坂東**　長くお付き合いさせていただくなかで、健康に関してもこれまでいろいろなお話をうかがいました。確か子どもの頃には肺結核と腎盂炎。それから70代でも大きなご病気をされたそうですね。

**樋口**　はい。77歳のとき、感染性胸腹部大動脈瘤《かんせんせいきょうふくぶだいどうみゃくりゅう》というひどい病気をいたしました。お腹のあたりの大動脈にできた瘤《こぶ》を3つも切除してまた塞ぐという大手術でした。医学ってすごいものです。ただ、乳がんのときとは違って、あれは本当に痛かった。痛くて、痛くて泣きました。

ですが、おかげで思いもよらぬ体験をいたしました。猫が素晴らしいケアラーだという事実に立ち会ったのです。

**坂東**　まあ、そうなんですか。樋口さん、猫がお好きでずっと飼っていらっしゃいますものね。

**樋口**　ペット自慢なら3時間でも4時間でもおまかせください（笑）。ともかく、術後の私は家のベッドに横たわり、猫をかき抱いてさめざめと泣いておりました。「おかあたんは、死にそうだよぉ、もう助からないよぉ」と。

すると、猫が私の右腕を自分の前足で挟み込み固定すると、いたわるようにペロペロと舐めはじめるではありませんか。そのうち皮膚が真っ赤に腫れ上がって、「もういいんだよ」とやめてもらいましたが、猫のなんと利口なこと！

**坂東**　言葉は通じなくても、飼い主の痛みがわかるんですね。

**樋口**　猫にさえ哀れまれ、「これで治らずにおられるか！」と立ち上がることができました。ペットを飼っている方がいらしたら、体がおつらいとき、どうぞこの話を思い出してください。「猫に舐められてヒグチは元気になったらしい。うちは犬だからもう少し長生きできるかも」などと。そんなふうに考えるだけでも、気持ちがラクになるのではないでしょうか。

**坂東**　樋口さんの場合、大病されても、いつもフェニックスのように回復される。なぜなんでしょう？

**樋口**　病気に慣れているんでしょうね。転びやすいけれど、立ち上がりやすい。これも一つの生き方です。

**坂東**　確かに、人生つねに順風満帆というわけにはいきません。でも、たとえ転んでもまた立ち上がればいい。まさに七転び八起きの精神ですね。

## 語り合える友をつくろう

**樋口**　坂東さんもおっしゃっていましたが、このコロナ禍で、長く外出が制限されたでしょう。ちょっと人に飢えませんでしたか？

**坂東**　その感覚わかります。オンラインで仕事や情報交換はできるのですが、面と向かわないと心が通い合った気がしない。人生でリアルな人との出会いがいかに大切か、あらためて実感させられました。

**樋口**　本当にそう。私が今あるのも、多くの友人や仲間、これまで出会ってきた人たちのおかげです。こんな殊勝なことを言うなんて、やはり年を取るのも悪くないですね。私、良い人になりました。

小学校からずっと一緒で、高校も大学も手を取り合い一緒に受験して、一緒に合格した女友だちがいたんです。あちらはNHKに就職して、私は途中からフリーのもの書きと働く場は違ったけれど、ずっと**同志**（**プラスひとこと⑩**）のようなものでした。

そんな親友だった彼女も昨年亡くなってしまいました。寂しいものです。

プラスひとこと 10

## かけがえのない友人

フリーになった私が『婦人公論』などから原稿を依頼されるようになったとき、「こんなテーマで注文を受けたんだけれど、どう思う?」などと、意見交換したのも彼女でした。私のほうはどちらかというと保守的でしたが、組織のなかで実際ジェンダーの壁にぶつかっていた彼女は基本的にややラジカル。それまで気づかなかった視点ももらえて、私はジャーナリストとして成長できました。本当に感謝しています。

そういえば、彼女とは、女学校1年生のとき結核で休学したのも同じでした。お互い安静にしていなければならなかったのですが、初期の結核は少し咳が出るくらいで、そんなにつらくはないんです。2人でひたすら手紙のやりとりをしました。今、戦争中の女学生の青春の往復書簡として本にしたら売れるかしら（笑）。

**樋口** 人生の価値とは何だったかと振り返ると、やはり女友だちの存在が大きかったと思います。でも、考えてみたら休学中に友人のお見舞いを一度も受けていません。風邪で2～3日休んでも、必ず誰かがお見舞いに来てくれたのに。音信したその友人から毎日のように届く手紙だけでした。理由は、肺結核という私たちの病名です。患者がいる家の門の前は走って過ぎ去る。今のコロナより恐れられたのです。
　みなさん、どうかお友だちを大切にしてください。

**坂東** 高齢者の単身世帯や夫婦2人暮らしが増えています。なかでも女性は平均寿命が男性より約6年長く、夫が年長のカップルが多いので、おひとりさまの期間が長くなる可能性が高いです。
　固い絆に結ばれた大親友とか、お互いのすべてを知り尽くしたような深い関係でなくていいと思うんです。気軽におしゃべりできる人、一緒にごはんを食べて楽しい人、何かあったら助け合える人。そんな〝ゆる友〟が何人かいると、心強いですね。

**樋口**　そう。私も深いとか浅いとかの友情のグレードは関係ないと思います。うまくすれば、今日この会場のなかにも気の合う人がいるかもしれませんよ。帰り道にでもぜひつかまえてください（笑）。

**坂東**　たまたま同じ講演会に興味をもって集まってくださったのだから、これも何かのご縁。「袖振り合った」だけで終わってしまうのはもったいないですね。

**樋口**　コロナで人恋しかったあの感覚を忘れずに、どうぞ出会ってください。

「らぷらすフェスタ講演会」で行われた対談。
終始なごやかな雰囲気でときに笑いも。

# 幸せを運んでくれる「食《しょく》・触《しょく》・職《しょく》」

**樋口**　週に一度、宅配弁当をとっています。つい最近のことですが、その同じ弁当を、私の助手の一人のお母さまもとっていらっしゃるのを知りました。私などより身体能力はご不自由だと様子は聞いておりました。でも、まだお目にかかったことはありません。

お目にかかってはいませんが、それがわかって、突然親しく思えました。

「ああ、○○さんのお母さまも、今頃、このお弁当を召し上がっているんだな」と想像すると、なんだかうれしいんです。うちは杉並の空の下、あちらは世田谷の空の下。

同じおかずを食べている仲間がいるって、ちょっと楽しいの。

人間っておもしろいですね。一人で食べたって立派な弁当ですよ。だけど、同じ弁当がもっと上等な味になった気がしちゃう。「ただねぇ、いくら年寄りは薄味がいいったって、この煮付けはちーと薄すぎるわよね、○○さん」なんて見えないお相手に向かってグチまでこぼすと、なお楽しいんです。

ですからね、やっぱり誰かと一緒に食べるって大切なんですよ。坂東さんがお話してくださった**「じじばば食堂」**（**プラスひとこと⑪**）は切実に必要です。

私のヨタヘロ期。スタスタとはいきませんが、歩けと言われれば歩けます。杖をつけばもっと歩けます。たとえば近所の集会所が「じじばば食堂」になっていたら、そこくらいまでは十分行ける。そういう年寄りはいっぱいいるんです。そして、そこで昼食代を払える人はもっといっぱいいるんですね。

**坂東**　本当にそうだと思います。今、老後には２０００万円の貯蓄が必要だといわれて、たいへんだと焦っている人が多いんです。公的年金だけでは足りないからと、一生懸命倹約している方もいらっしゃるでしょう。

もちろん、将来のためにお金を貯めるのが悪いわけではありません。ただ、節約、節約で、今の暮らしが味気ないものになってしまったら、つまらない。昼食代にほんの少しお金がかかっても、そこでいろいろな人と触れ合って楽しい時間を過ごしたほうが、人生はもっと豊かです。「じじばば食堂」、本当にいいですね。

**樋口**　私はヨタヘロ期を明るく楽しく過ごすコツは、「食《しょく》」「触《しょく》」「職《しょく》」の3つの「しょく」だと提案しています。

「食」は、今お話しした食べること。2つ目の「触」は、触れ合い、コミュニケーションです。最後の「職」は職業、つまり働くこと。この3つの「しょく」の場を地域社会でどれだけ実現できるのか。それがこれからの高齢者の幸福感に大きな違いを生むと思っています。

プラスひとこと 11

# 「じじばば食堂」をつくりたい！

年を取ると、そんなに遠くまで歩けない。少子化で地域の小学校の教室があまっているでしょ。「じじばば食堂」は、そんな場所を利用できるといいですね。

実は、うちの昭和女子大学でも、学生が少ない土曜日の学生食堂を利用しての「じじばば食堂」計画、進行中！

わあ、それいい！　ぜひ実現を！みんなで食べれば「食《しょく》」が「触《しょく》」につながります。元気な人は、料理や配膳のお手伝いをして、ほんの少しでもお給料をいただければ「職《しょく》」の場にもなります。

「じじばば食堂」一つで、「3しょく」叶いますね！

# 「微助っ人《ビスケット》」のすすめ

**樋口**　坂東さんくらいの年齢の頃、ある年輩男性からこんな話を聞きました。「男の場合、正面切ってボランティア・グループの仲間入りするのは、腰が引けるもの。でも、男だって時間をもてあましている人がいるし、善意もある。ささやかでも何かしたいんですよ」と。

その方が、「微力な助っ人だから、微助っ人《ビスケット》ですよ」とおっしゃったのを、言葉遊びが好きな私は聞き逃しませんでした。「オッ、その言葉いいわね。いただき！」。でも、しばらく忘れていたんです。

ところが自分自身がヨタヘロ期に突入して、思い出しました。今こそ、微助っ人だ！　と。身体的にはヨタヘロしつつ、私たち世代にだってまだまだひとさまのお役に立てることがあります。お役に立ちつつ、自分も楽しむ時間が必要です。

足腰は衰えても、手は動く人がいます。おしゃべりする口はもっと動く人がいます。みなそれぞれ何かできるのです。小さなことでいい。できることをしましょうよ。それが私たちの生きる力になるのです。

**坂東**　私の同級生にも、一人暮らしになった昔の職場の先輩の微助っ人をやっている人がいます。時々食事を届けたり、届けたついでに話し相手になったり。電球を換えてあげたり、草むしりを手伝うこともあるそうです。「ちょっとした世話でも、喜んでもらえるのでうれしいの」と話してくれました。

---

## 老いたれど　我もなりたし　微助っ人　by 樋口

---

# 何歳になっても働ける

**樋口**　私、坂東さんのご著書を拝読して共感するところがいっぱいあるのですが、なかでも坂東さんが終始一貫提案し続けているテーマに常々感心しております。そのテーマとは「働け！」であります。

**坂東**　ありがとうございます（笑）。樋口さんがおっしゃる「食・触・職」の「職」ですね。

あらためて「働け！」と言われるまでもなく、女性はいつも働いてきました。家事の仕事、子育ての仕事、介護の仕事。ただ、昔の女性は、こうした重要な仕事をしているにもかかわらず、自分の名前で報酬を得ることができませんでした。そうした歴史が、私たち女性が社会と切り離されてきた要因だと思います。

今は、女性もようやく社会のなかで仕事をして報酬を得るのが当たり前の世の中になりつつあり、これはうれしいことです。ただ、同じ女性でも高齢になると、再び社会から追いやられてしまう。これが現代の問題です。

年を取っても、これまでの仕事のキャリア、家事のスキルなどを生かせば、やれることはまだまだあるはずです。先ほど猫ちゃんが人をなぐさめるお話がありましたが、高齢者が高齢者を支え勇気づけるような仕事もあるでしょう。

チャップリンは自身の映画『ライムライト』のなかで、人生に必要なことは「愛と希望とサムマネー」と言いました。小さなことでも世の中に役立つ仕事をして、サムマネー、いくらかのお金をいただくのが、人としての誇りや喜びにつながります。

女性がそうした道をたどってきたように、これからは、高齢者が働くことが当たり前の社会になるのが理想です。

及ばずながら、私もそのお手伝いができたらいいなと考えています。

—— 今日は残りの人生でいちばん若い　by坂東 ——

# 一人ひとりの生き方が世の中を変える！

**坂東**　世田谷区の男女共同参画推進事業のお力も借りて、保育園やアフタースクールを通じて働くお母さんたちや子どもたちへの支援に力を入れてきました。高齢社会に向けての活動は、まだまだこれからです。いろいろなアイディアをいただけた今日の会は、私自身とても勉強になりました。

**樋口**　坂東さんも私も、お手本が少ない時代にあって、**女性の地位向上のために活動**（**プラスひとこと⑫**）してきたじゃない？　でもそんななかでも、先頭を走る先輩たちもいらっしゃいました。お名前をあげればキリがありませんが、私にとって秋山ちえ子先生や吉沢久子先生が、その代表でした。

本当にいろいろなアドバイスをくださいました。たとえば秋山先生は、まだ血気盛んだった私が「男女別姓がいつまでたっても認められないのはけしからん」とか「これだから日本は世界に比べて遅れをとるのだ」なんて、わぁわぁまくしたてるでしょう。そうすると、いつも慰めてくださるんです。

「樋口さん、そりゃ日本はひどいと思うわよ。だけど、50年単位で考えましょうよ。今すぐは無理でも、未来は必ず変わるから」と。ただ、変わるためには、誰かが「ここがおかしい」と声を上げ続けなきゃいけない。「だから、言い続けてくださいね」とおっしゃってくださいました。

老いの問題も同じじゃないでしょうか。日本は、世界に先駆けて超長寿社会という未知の世界に足を踏み入れたばかり。私たち全員が老いの初心者です。だから、今気づいたこと、「こうしたほうがいいよ」ということを、私たちがどんどん言い続けていかなきゃね。

**坂東**　大いに賛成です。女性の問題では「世の中、なかなか変わらないな」と無力感をおぼえたこともありました。でも、ふと気づくと、女性を取り巻く環境は、この5年、10年で確かに変化しているんですね。

私たち一人ひとりが、これからどういう考え方をするか、どんな生き方をするか。その積み重ねが、時代を変えるパワーになるのだと思います。「高齢者でもこんなことができるんだ」「こんな仕事があったんだ」という事例をどんどんつくっていきたいですね。「もう年だし」なんて自分を過小評価せず、ぜひ一歩踏み出しましょう。

**樋口**　その通り！　秋山先生は「50年もたてば、女性の生き方も変わる」とおっしゃっていたけれど、50年後の高齢者の生き方ってどうなっているでしょう。その頃この世にいられないのが残念ね（笑）。

プラスひとこと ⑫

## 日本女性の地位向上は、まだまだこれから

私と共著者の坂東眞理子さんとのご縁を、ちょっとだけご紹介させてください。

年齢は坂東さんが77歳、私がただいま91歳。私のほうが14歳年上です。出身地は坂東さんが富山県、私は東京都練馬区です。共通点は大学の同窓生であることで、私も坂東さんも東大文学部卒の年の離れた先輩後輩です。

出会ったのは折しも男女共同参画社会基本計画が策定された時期であり、私は外部から委嘱された委員会の責任者、坂東さんは格上げされた（２００１年）内閣府男女共同参画局初代局長に任命されました。

保育所と幼稚園と、長らく二元行政だった「保育」について、両者の話し合いが始まるかという気配もありました。しかし、「保育所」と「幼稚園」はそれぞれに有力な「現場」を持ち、長い年月、日本の保育を守り続けてきたのです。保育所不足の解消はこれからの女性問題解決のカギであり、「幼保一元化」の声は、両者が歩み寄る変化をきっかけにより鮮明になりました。

こういうとき、私のような立場＝外部の有識者はまあ気楽です。「樋口はいい年をしているわりに物知らずだ」という悪評ですんだようです。坂東さんは現職の、注目が集まる新設局のたった一人の局長さんです。さぞや居心地が悪かったと思います。風当たりを分かち合えず、申し訳ない思いでした。

そのときの坂東眞理子さんの態度は、誠にご立派でした。品位を保って、問題から逃げず、答えるべきことは控えめに、しかしはっきりと発言なさったようです。

あとで顔なじみの官僚の方から、「何ですか。行政が半日もストップですよ」と言われました。

慌てず騒がず、涙も見せず、誰にも平等な態度で接し、静かで誠実なポーカーフェイスで乗り切った坂東さんの対応を間近に拝見し、この方なら、これからの女性労働政策、保育政策の柱になれるという信頼感を強くいたしました。

私が政府の男女共同参画政策のなかで最も心を注いだ一つは、「仕事と子育て両立支援専門調査会」の報告書作成で、日本の女性の地位の国際的立ち遅れはすべて、「女性の就労改革」の立ち遅れが原因しています。その理由などを、私も当時の委員も自分の経験や各種統計を踏まえながら心血込めて書き上げました。

まとめ役（行政側）はもちろん坂東眞理子さん。今、世界における日本女性の地位は125位の低さとか。しかし私は、この男女平等施策を進める女性たちのリーダーのなかに坂東さんの名前がある限り、絶望いたしません。

第4章

# 昨日できたことが、今日できない

## 樋口恵子×坂東眞理子

ペットボトルのフタが開けられない、
コンビニの店員さんの言葉が聞き取りにくい。
老いのサインは、
ある日突然やってきます。

# 老いは思いがけないことの連続

今の坂東さんくらいの年齢だった頃のこと。私はまだ元気いっぱい。一人で取材に講演にと日本中を駆け回っていました。ところがある日、京都駅でトイレに寄ったときのことです。和式トイレで用を足し、ああスッキリ！　と立ち上がろうとしたら、なんと立てないのです。

一瞬、そんなバカなと、わが身に起きたことが信じられませんでした。でも、これが現実です。知らない間に筋肉が衰えて、もはや支えなしでは自分の体重を持ち上げられなくなっていたのです。ちなみに、わが家のトイレはかなり前から洋式でした。

そういえば、猫にエサをあげるときも同じでした。台所の床に置いた器のところにしゃがむのはいいのですが、自力じゃ立ち上がれない。いつも手近にあったタオル掛けにつかまっていたせいで、わが家のタオル掛けはグラグラになってもぎ取れそうなありさまでした。老いた身には、何かすがるものが必要なのです。

そんな話を「高齢社会と都市」というテーマのシンポジウムでお話しさせていただいたところ、ある若い建築家が感に堪えないようすで身を乗り出しました。

彼は駅や公共トイレの設計を手がけているそうですが、完成後に現場に行ってみると、なぜかトイレットペーパーホルダーが壊れていることが多く、ずっと不思議に思っていたというのです。

「なるほど。世の中には、そういう力のかけ方をする人がいるんですね！」

青年よ、きみもいつか〝そういう人〟になるのだよ。

ほかにもペットボトルのフタが開けられない、個別包装のお菓子などは、「ここから開けてください」とわざわざ小さな切れ目が入っているのに、指に力が入らない。

このように、昨日までできていたことが、ある日突然できなくなる日がやってくる。それがヨタヘロのはじまりです。

たとえば、みなさんのなかに、家を建てたとき、眺めのいい2階にご自分や夫婦の部屋をつくった人はいませんか？

そのとき「これくらいの階段の上り下りは、足腰を鍛えるのにちょうどいい」なんて余裕で笑っていませんでしたか？

その言葉、やがて後悔する日がやってきます。かくいう私がそうでした。

今は亡き連れ合いと一緒に、40代で家を建てました。土地の候補は2カ所あって、一つは駅から徒歩5分の50坪。もう一つは徒歩9分の70坪。価格は同じです。迷ったあげく、私はこう考えたのです。「値段が同じなら広いほうがいいに決まってる。9分歩くなんてへのかっぱ！」と。そして選んだのが、現在住んでいる徒歩9分のほうです。

あの頃の私は若かった。お気楽でした、ごめんなさい。

今、ヨタヘロ歩くこの9分の道のりは、はるか遠い旅路のように思えます。91歳の身には、たった4分の差が、とてつもなく大きいのです。

## 「決して転びません」と心に誓う

第1章にも書きましたが、私の勝手な決め方では、ヨタヘロ期とは平均寿命から健康寿命を引いた年月のことをいいます。健康未満・要介護以前といったらいいでしょうか。ヘルパーさんに来てもらう必要はないけれど、日常生活はちょっとたいへん。

そんな期間のことで、計算すると、男性が約8年間、女性が約12年間になります。

せっかく女性のほうが長生きなのに、なぜ男性より4年も長くヨタヘロしなきゃいけないのか？　なんだか釈然としませんが、介護保険の利用理由を見ると納得です。

男性の場合、要介護になる人の過半数が、脳出血や心臓病などの後遺症。女性は、転倒、骨折、骨粗鬆症《こつそしょうしょう》です。

つまり、男性のほうが死につながる病にかかりやすく、ヨタヘロする前にあの世へいってしまわれる方が多いということです。

一方、女性は、骨折くらいじゃ死なないものの、寝たきりや、不自由な時期が長引いてしまいます。健康寿命を少しでも先延ばしするためには、私たち女性は、まずは骨折しないように気をつけなきゃなりません。

骨折防止のための必要かつ最大の策は、とにかく転ばないことです。

と、えらそうに言っておりますが、実は私、よく転びます。

記憶に残る転倒事件はいろいろあります。

還暦の年に、知人宅の外階段でそれは起きました。暗い階段を楽しくおしゃべりしながらタッタッタッタッと下りてきたのはいいのですが、途中で1段踏み外してドテーン。石段に膝をしたたかに打ち付けました。幸い皮下脂肪がたっぷりついていたためか、骨折はまぬがれました。

その少し前には、雨で濡れたタイルの床ですべって転んだこともありました。ヒールのついた靴を履き威勢よく歩いていたので、転び方も宙に舞うほどに派手でした。

50代～60代といえば、まだ若い。でも、その頃から油断は禁物です。

知人のなかに、駐車場を出るとき「昨日までなかったはず」の、ポールとポールの間の鎖に足をとられて転んだ人がいますが、この「はず」が、クセモノなのです。

私の体験では、講演会の壇上で、動かない「はず」の机が実は可動式だったことがあります。手をついたとたん動きだし、とっさにつかまった椅子がこれまた可動式で、そのままスッテンコロリン。大勢の人が見守るなか赤っ恥をかきました。

両手いっぱいの買い物袋を抱えて、急いで玄関で靴を脱いだ「はず」……だったのに、片方がまだ脱ぎきれてなくて上がりかまちにひっかかり、そのままつんのめって転んだこともあります。

このくらいの段差は飛び越えられる「はず」。

いつもの階段だから、暗くても体が覚えている「はず」。

この手の「はず」には、十分気をつけなければなりません。老いのとば口では、「こんなはずでは！」の出来事がよく起こるもの。体は変わりつつあるのに、頭と気持ちは若いときのまま。そのギャップが悲劇を生むのです。

何ごとも急がず慎重に、が大事です。出かけるときは、時間に余裕をもちましょう。駅の階段を歩くときは、できるだけ手すりのそばを。バッグのなかの財布を探しながら、携帯電話でおしゃべりしながらなどの「ながら歩き」はやめましょう。ドアが閉まりかけた電車に走って飛び乗ろうなど、もってのほかです。

よく転んだ私ですが、60代、70代の頃の転倒には「急いでいた」とか「床がツルツルだった」「出っ張りがあった」など、ちゃんと理由がありました。

ところが、さらに年を重ねると、やってくるのが理由なき転倒です。

「90歳くらいになると、ただ立っているだけで、ふわーっと転ぶことがあるんですよ」とおっしゃったのは、女性政治家の草分け加藤シヅエ先生です。そのお話を聞いたとき、私は70代。正直、そういう場面を想像できませんでした。

しかしながら、ついに私もそれがわかる年頃になってしまいました。あるとき、玄関に立っていたら、本当にふわーっと倒れたのです。べつに段差につまずいたわけでも、スリッパを踏んづけてすべったわけでもありません。偶然目撃した助手によりますと、突然全身の力が抜けたようにグシュグシュグシュグシュとくずおれたそうです。

いくらふわーっとでもグシュグシュでも、体重の重みで勢いがついて床に叩きつけられれば、大ケガにつながることもあります。私の場合、幸い骨が丈夫なのか、若いときの転倒も含めて骨折したことはありません。ただ、打ち身、擦り傷、青あざとはすっかりおなじみです。

理由がないので、注意したくてもしようがありません。でも、ヨタヘロ期にはこのような未体験の出来事も起こるのだと心におとめおきください。

---

**けつまづいて倒れるのが70代**
**立っているだけで倒れるのが90代　by樋口**

---

## 「手すり」があるとないとじゃ、大違い

そんなヨタヘロ期の強い味方、それは手すりです。

例の駅から徒歩９分のわが家。40代で買った家ですから、もちろん手すりなんかどこにもついていませんでした。しかも、老朽化で雨漏りはするわ、２階の書庫は本や資料が増え放題で、床は抜けんばかり。耐震診断してもらったところ、震度５で倒壊しても仕方ないほどのボロ屋敷だとも判明しました。

そのとき、私、すでに84歳。立派なヨタヘロ期です。このままじゃ住みづらいし、万が一地震で本当に倒壊したら、ご近所にも迷惑です。

そこで一念発起。家を建て替えるという大仕事に乗り出したのです。

ああ、返す返すも、あのときはしんどかった。老いの身には、建て替えのための引っ越し作業は想像以上の重労働でしたし、いずれ好みの有料老人ホームに入ろうとコツコツ貯めた貯金はすっからかん。ケチな私は、お金を使ってしまったことが寂しくて、しばらくウツのようになったくらいです。

ですが、今思えば、あのとき決断したのは間違いではありませんでした。

新しく建てた家はバリアフリーで、浴室、トイレ、階段には手すりを完備。いざというときに備えて屋内エレベーターもつけました。玄関の扉は引き戸にしたので、力がなくてもスーッと開け閉めできて、車椅子になっても困りません。これで日常の動きがかなりラクになりました。

そして現在、この家の手すりはさらに増えています。

いつどこで転ぶかわからぬ91歳。最初に手すりをつけた場所以外でも、支えが必要になったのです。そこで私も介護保険の要支援1の認定を受けて、手すりをレンタルしたというわけです。

たとえば玄関に設置した手すりは、靴の脱ぎ履きのとき活躍します。玄関から門までの短いアプローチにつけた手すりは、毎朝新聞を取りにいく私にとって、あるとないとじゃ大違い。

それから、手すりには突っ張り棒型（天井と床の間に突っ張らせて固定）もあるのですが、これもベッドの脇につけました。朝、目が覚めます。ベッドに両手をついてそろりそろりと上半身を起こします。次に、両足を床に下ろしてエイヤ！と立ち上がるわけですが、このときこの突っ張り棒が頼りになるのです。

要所、要所の手すりのおかげで、家のなかはさらに安全。転びにくくなりました。

手すりは、自宅を工事して取りつけるなら介護保険の「住宅改修制度」、わが家のような据え置き型のレンタルなら「福祉用具貸与」のサービスを受けられます。対象は要支援１・２、要介護１～５の方です。

必要のある方は、遠慮せずにどんどん申請して活用しましょう。

認定を受けるときは、自治体の職員や委託されたケアマネジャーが自宅にやってきて、どの程度の支援や介護が必要か、聞き取り調査が行われます。

調査などというと緊張するかもしれません。でも、普段のままの姿を見せればいいのです。人間には見物効果といって、誰かに見られるとがぜん元気が湧いてくるという心理があります。「うちのおばあちゃん、調査の人が来たら急に張り切って曲がった腰もシャッキリ。そのせいで要支援を受けられなかった」なんてことになったらソン。あくまでも自然に、ですよ。

ちなみに、お風呂は手すりがあっても危険がいっぱい。湯船をまたぐのがつらくなったら、一人のときに入浴するのは避けましょう。以前、テレビ番組『笑点』で「恋に溺れるのが18歳、風呂で溺れるのが81歳」という大喜利を聞いて大笑いしたことがありましたが、もはや私も笑い事じゃありません。

## 出かけましょう、歩きましょう！

通勤途中、ジョギングや犬の散歩をしている同世代の方をよく見かけます。昔と違って、元気な高齢者が増えました。

それでも、樋口さんがおっしゃるように「こんなはずでは！」が起きるのがこの年代です。たとえばコロナ禍では、「巣ごもりフレイル」という言葉がよく聞かれました。

フレイルとは、加齢による心身の活力の衰えのこと。感染予防で家に閉じこもる日常が続くうちに、気がついたら「歩くスピードが遅くなった」「よく転ぶようになった」、ひどい場合では「起き上がれなくなった」という人が増えたそうです。

こうした退行性の症状は、廃用症候群と呼ばれ、健康な人でも起こるもの。筋肉は、使わないとあっと言う間に衰えてしまうんですね。高齢の場合、２週間程度巣ごもりしただけで、下半身の筋肉は２割も萎縮してしまうそうです。

私も70代後半、気をつけなくちゃと思います。

ただ、私の場合、子どもの頃から体を動かすのが好き。ある程度キャリアを重ねてからも、どこへ行くのも電車派で、駅の階段をタタタッと駆け上がりました。

例外は、埼玉県の副知事時代と、豪州ブリスベン総領事、内閣府の局長を務めたときで、警備上の理由もあって、やむなく公用車で送迎していただきました。ところが、公用車の運転手さんは職務に忠実ですから、私が決して時間に遅れないようにと、余裕をみて早め早めの行動をします。そのたびに私ときたら、内心「あっ、もう着いちゃった！」「あと20分もある。もったいない」などと、ついバチ当たりなことを考えてしまうのです。時間貧乏の私には、徒歩や自転車が身の丈に合うんですね。

今も、「総長に専用の車がないなんて、貧乏大学だと思われるからやめてください」

と心配されることもあります。でも、少なくとも80歳になるまでは、自分でロコモーション機能（立つ・歩く・走るなど、生活に必要な身体を移動させる力）を鍛えていきたいと思っています。貯金はできませんが、せめて「貯筋」しようというわけです。「貯筋」のコツは、第2章でもお話しした「今日、用（きょうよう）」「今日、行く（きょういく）」です。みなさんも、なるべく積極的に出かける用事をつくって、あちこち出かけていきましょう。

足元は歩きやすく転びにくいスニーカーがおすすめですが、出かける先がちょっと気張った会合や、おしゃれが必要な場所の場合、洋服に合わせた靴を持参して履き替えるといいですよ。私自身、いつもそうしています。

巣ごもりフレイルには、「身体的フレイル」だけでなく、社会や人とのつながりが希薄化する「社会的フレイル」、不安や抑うつ状態に陥る「精神・心理的フレイル」もあるそうです。どれか一つに巻き込まれると、連鎖的にあちこちガタがきて、急激に老け込んでしまいます。とにかく外に出ましょう、歩きましょう！

おすすめ！誰でもできるヨタヘロ体操❶

# 〜かかと落とし体操〜

高齢者にとって大切なのは、まず家のなかを動けること、行きたいときにトイレに行けること。だから、足腰を鍛えなきゃ！　私のおすすめは、立った姿勢でかかとを上げ下げする「かかと落とし体操」です。骨粗鬆症の予防にも効果があるんですよ。両足のかかとを上げたら、ストンと床に下ろすだけ。簡単でしょう？

ただ黙々とやるのはつまらないから、私は歌いながら楽しくやっています。「ピッちゃんピコピコ、ピコ、ニャンニャン♪」でかかとの上げ下ろしを4回。5回歌えば20回できることになります。ちなみにピッちゃんは、昔飼っていた愛猫の名前。みなさんは、お好きなようにアレンジしてくださいね。

## かかと落し体操

足を少し開いて立ち、両足のかかとを上げて、
ストンと床に下ろす。
イスの背などにつかまってやれば安心。

## おすすめ！誰でもできるヨタヘロ体操❷

# ～壁立ちエクササイズ～

気がつくと猫背で前屈みになっていることがよくあります。そこで私は、姿勢をよくする「壁立ちエクササイズ」を実践しています。ただ壁を背にしてまっすぐ立つだけですから、簡単です。実は、誰もいないエレベーターに乗ったときにも、こっそりやっているんです。急に扉が開いたりしたら驚かれますね（笑）。

壁を背に立ったら、頭、肩、お尻、かかとの4点をぴったりと壁につけて、できれば1分間くらいその姿勢をキープします。腕は自然に下ろしておきましょう。

できる時間と場所があれば、何回やっても大丈夫です。

効果はバツグンで、周囲の人から「姿勢がいいですね」とほめていただくことが増えました。

## 壁立ちエクササイズ

壁を背にして立ち、頭、肩、お尻、かかとを壁にぴったりつける。そのまま1分間キープする。

第5章

# 大切なのは「食《しょく》」「触《しょく》」「職《しょく》」

樋口恵子×坂東眞理子

誰かと食べること→「食」
コミュニケーションをとること→「触」
何歳になっても働くこと→「職」
これぞ、老いの幸福3原則です！

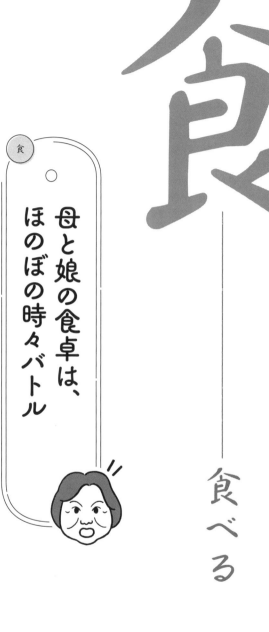

# 食

## 食べる

### 母と娘の食卓は、ほのぼの時々バトル

私は娘と2人暮らしです。ただ、勤務医をしている彼女とは生活時間帯も違うため、食事もそれぞれ勝手につくって食べるという方式で、長らくシェアハウスの住人同士

のような関係でした。

ところが80歳を過ぎた頃から、私も自分で料理をするのがおっくうになってきました。食欲がわかない日も多く、ちょこっとパンをつまんだり、牛乳を飲む程度ですましているうちに、知らない間に栄養失調になって貧血を起こしたこともありました。

若い頃なら1食2食抜いたところで、ダイエットにちょうどいいくらいでどうってことありません。でも、この年でちゃんと食事をとらないと、即、健康に響きます。体の健康だけでなく、うつっぽくなったりボンヤリしたりと、心と脳の健康にもよくありません。

そんなわけで、最近ではシルバー人材センターの方に週3日来ていただいて料理の作り置きをお願いするほか、講演でもお話ししたように宅配弁当も利用しています。

そして、それ以外はなんと娘に支えてもらう生活がはじまりました。朝起きると、あちらはとっくに出勤しているのですが、キッチンには朝食兼用の軽いランチが用意されています。さらに土日の夜は、母と娘が一緒に食卓を囲むという、これまでなかった一見平和な時間が流れます。

やれ「野菜から先に食べよ」「もっと食べろ」のなんのと口うるさい娘ではありますが、おかげでちゃんと栄養もとれるようになりました。完全な一人暮らしの人と比べれば、いてくれるだけでも私は恵まれているのでしょう。

それに、娘と言い合うのも若さを保つ秘訣かもしれません。

いつだったか、同級生の間で「親孝行で優しい娘を持つ親はボケる」という都市伝説のような噂が飛び交ったことがありました。「ほら、認知症で入院した○○さんのところも、○○さんのところもそうでしょう」と。

「その点、オシバ（旧姓・柴田からきた私の呼び名です）なんかボケっこないからいいわねぇ」とみんなが口々に言ったのは、うちにおっかない娘がいるのを知っているからです。

確かに、娘とのバトルで私はボケるヒマもありません。

けれども箸の上げ下ろしに文句は言っても、私の生き方を批判したことは一度もない娘です。こちらも負けじと言い返しはするものの、これでも感謝しています。悔しいから口には出しませんが（笑）。

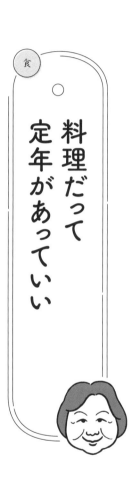

食

## 料理だって定年があっていい

台所に立つのが億劫になったのは、80歳を過ぎた頃からでした。

もともと料理は性に合っていたほうです。後半の人生をともに過ごした連れ合いと一人娘、3人の食事を準備し、娘が高校2年生のときまで弁当を作り続けました。もう大昔のことですが、家庭とは何だったのだろう？　と思い起こすと、やはり食事をつくって一緒に食べることでした。

それが、だんだん面倒くさくなってきたのです。あると思っていた調味料が切れていた、お玉がどこかいっちゃった、ネギがない。と、3つないものがあると、や〜めたの気分になる。そのあたりから、もうサボっていいよねと、自分でお料理するのはあきらめることにしたのです。

料理をしないことに一抹の寂しさがあったのは確かです。ただ、赤ん坊が泡立て器を立ててドレッシングをつくれないように、いくら練達の主婦だって凝った料理はもうむずかしくなります。そんなときは宅配サービスを利用したり、出来合いのお惣菜を買ったりすればいいじゃありませんか。

それに、夫は定年退職して家でのんびりしているのに、妻だけ80歳になっても早起きして料理なんて不公平。妻にも料理定年があったっていいと思うのです。

そんなことを『明日の友』（婦人之友社）という雑誌に寄稿したところ、「気持ちがラクになりました」「夫に料理がつらいと告白したところ、週に一度、夕飯をつくってくれるようになりました」など、大きな反響をいただきました。良妻賢母を絵に描いたような読者が多いと思っていただけにちょっと意外でした。

もちろん、違うご意見をもつ読者もいらっしゃいました。

「料理がつらいとのお話、私だけではないと安心いたしました。しかし、このようなことで負けてはなりません。男ならふんどしを締め直すところでございますが、ふんどしはありませんので、心を締め直すことにいたします」

なんという生真面目さ、いじらしさ！

こういう女性がいることもうれしく思います。もう料理をしない人、いやもう少しやってみようという人。どちらも間違いじゃありません。すべてのわが同胞たちに、人生１００年時代の初の体験を前に頑張ってねとエールを送りたい気持ちでいっぱいです。

食

# 健康の王道は〝バランス食べ〟にあり

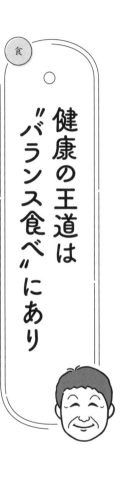

「今の食習慣を変えない限り、肥満人口が増え、多くの国民が病気になる。その結果、医療費の増大により国家は破綻する」

これは、１９７７年、アメリカの議会に提出されたマクガバン・レポートと呼ばれる報告書の内容です。

確かに、当時のアメリカ人に好まれていた食べ物といえば、ハンバーガー、ステーキ、アイスクリーム、炭酸飲料……といったイメージです。肉中心で砂糖も過剰。いかにも体に悪そうです。このレポートに衝撃を受けたアメリカ政府は、以降、国民の食生活を変えるべく、国家レベルで食育政策に取り組みました。

そのなかで推奨されたのが、日本の伝統的な食生活でした。米、魚、野菜、豆腐や大豆食品、海藻などを取り入れたバランスのよい食事です。

マクガバン・レポートから約50年、日本の食卓は逆に欧米化が進みました。テレビや雑誌では、これを食べれば長生きできるとばかりに次々と新しい食品や食材が紹介されます。でも結局は、日本人の昔ながらの食事が健康の王道なのです。

私たち世代にとっては、よくいわれる「ま・ご・は・や・さ・し・い」も参考になるでしょう。「ま＝豆」「ご＝ゴマ」「は＝ワカメ(海藻)」「や＝野菜」「さ＝魚」「し＝椎茸（きのこ類）」「い＝いも類」。

ただ、これら一つひとつは、これさえ食べれば安心という魔法の食材ではありません。大切なのは、あくまでもバランスよく食べることです。

とはいえ、あまり堅苦しく考えると毎日の献立を考えるのも料理するのもたいへんです。樋口さんがおっしゃるように、「ああ、面倒くさい。や〜めた」なんていうことにもなりがちです。私自身、そこは大らかに。ざっくり週単位で、栄養に偏りはなかったかなと気にすることだけ心がけています。

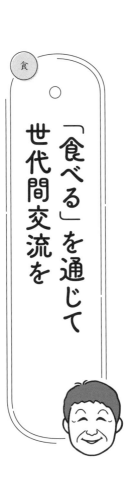

食

## 「食べる」を通じて世代間交流を

第2章で話題にのぼった「じじばば食堂」は、高齢者の食べる楽しさと健康を支える、人生100年時代の重要拠点となりそうです。

そこで、わが昭和女子大学でもお手伝いができないかと、今、計画が進んでいます。

大学の学生食堂は平日は混雑しますが、土曜日であれば席にかなりの余裕があります。せっかく〝容れもの〟があるのですから、これを活用しない手はありません。

大学には管理栄養学科や健康デザイン学科などがあり、食や健康を専門的に学ぶ学生がいます。H&B（ヘルシー&ビューティー）メニューを考案してもらっているので、H&Y（ヘルシー&ヤング）メニューもいいですね。

配膳やお世話係は基本的には高齢者のボランティアの方におまかせしたいのですが、学生たちもそこに加わって一緒に働けば、世代間交流の場にもなります。同世代同士の気軽なおしゃべりだけでなく、若い世代とのコミュニケーションも楽しみ、活力にしていただけたらと思います。学生たちにとっても、おじいちゃん、おばあちゃん世代から自分たちが知らないことを学ぶいい機会となるでしょう。

このようにアイディアはありますが、現実にやってみると誰も来てくれない……ということもありえます。どうしたらジジババさんたちに足を運んでいただけるか、工夫も必要です。

「食」の世代間交流として、ほかにもいい方法があります。それは、若い人に食事をごちそうしてあげること。就職おめでとう、結婚おめでとうなど、理由は何でもいいのです。高いお店でなくても、気軽でおいしいランチで十分です。

人に何かしてあげるのはうれしいものですし、「ごちそうさまでした。ありがとうございます」と感謝されれば、こちらも幸せになります。私もよく後輩に「今度昇進したら、私におごらせて」と食事の約束をしていますが、予定を入れただけで心がパッと華やぎます。

これからの時代は、年齢、性別を問わず、誰もが安心し、自由に居心地よくいられる社会を目指さなければなりません。私たちもその社会の一員です。遠慮せずに、ぜひ「食」を通してさまざまな出会いと交流を楽しんでください。

# 触——コミュニケーション

触

## 「ファミレス時代」がやってきた！

昭和ひとケタ世代は、夫婦の間に平均5人の子どもがいたものです。でも、今の日本は、世界有数の少子社会。2022年の合計特殊出生率（1人の女性が生涯に産む

子どもの数）は、過去最低の1・26だそうです。

おまけに、男女共同参画局によれば、２０２０年、50歳の女性の約6人に1人、男性の約4人に1人は結婚経験がありませんでした。

家族のサイズは、どんどん小さくなっていきます。

１９８０年は、確か歌手の山口百恵さんの結婚・引退フィーバーがあった年ですが、あの頃は、サザエさん一家のような三世代世帯が、日本の家族の約半数を占めていました。

けれどもこれからは、夫婦2人暮らしや連れ合いをなくした人、最初から未婚・非婚のおひとりさま世帯が、多数派になるということです。私はこれをファミリーレス、略して「ファミレス社会」と呼んでいます。

実際、わが家がいい例です。

私は3人きょうだいの末っ子に生まれましたが、姉も兄も早世し、実質的には一人っ子。甥も姪もいません。連れ合いを早くに亡くし、やはり一人っ子の娘は、子どももいないシングルです。私があの世へいったら、娘は親レス、姪レス、甥レス、従兄弟レスで、親類縁者がほぼいなくなるのです。

日本は介護を血縁に頼ってきた社会ですから、これからの高齢者は、いったい誰を頼りにしたらいいのでしょう。これは時代を揺るがす大きな問題です。

触

## 今から加入するなら、だんぜん人間関係の保険がおすすめ！

来たる２０２５年には、国民の４人に１人が75歳以上です。

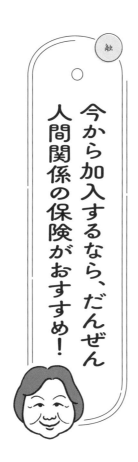

街中が年を取り、近くで助けてくれる家族もない……。私たちはそんななかで、老いを生きることになります。

このようなファミレス社会では、血縁とはまた違ったつながりを自分でつくっていかなければなりません。まさに「触」、つまりコミュニケーションが、かつてないほど大切になってくるのです。

家のなかに引きこもって誰とも話をしない、誰からも電話もかかってこない。そんな生活をしていれば誰だってボケちゃいます。高齢医療専門のお医者さんも、「人付き合いをまったくしない人は、運動をまったくしない人よりも老いが進む」とおっしゃっています。私自身、91歳になった今もこうしてなんとか元気でいられるのは、仕事柄たくさんの方とお付き合いさせていただいているからだと思っています。

とにかく、出かける、出会う、何かできる。私はこれを「3D主義」と勝手に呼んでおりますが、こういう心持ちが大事です。

東日本大震災の被災者の方が、いざというとき本当に役立ったのは、地震保険や生命保険より、助け合い励まし合える人間関係だったとお話されていました。同じように、妻を亡くしておひとりさまになったある男性（前職は大学教授）は、３つの人間関係の保険に入ったと教えてくれました。

１ マンションの自治会の役員を引き受けた
２ 市民講座の運営委員になった
３ カラオケサークルに入った

まさに「３Ｄ」の実践です。そして、新しい輪のなかでは、自分が一人暮らしであることをオープンにしたそうです。そうすることで、倒れたり亡くなっていたとしても、誰かが見つけてくれるだろうと大きな安心を手に入れたといいます。

いざというときのお金は、もちろん大事。でも、お金持ちでなくても〝人持ち〟ならば、たいていのことは乗り越えられます。ファミリーレスでひとりぼっちになっても、闇に落ちるような孤独にはならないはずです。

「遠くの親戚より、近くの他人」とは、昔の人は本当にいいこと言った！

町内会、趣味のサークル、カルチャー講座、ボランティア。どんな小さなコミュニティでもいいのです。あなたのことを知っている人、「あら、こんにちは」とあいさつし合える人、そんな人を一人でも多くつくろうじゃありませんか。

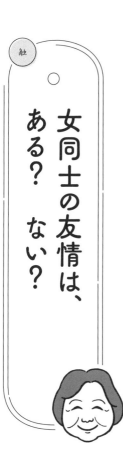

触

# 女同士の友情は、ある？ ない？

女の友情は育たないとよくいわれますが、本当でしょうか。お昼どきのレストランへ行っても、お芝居やコンサートに行っても、お見かけするのはたいてい女性同士の賑やかなグループです。

私の知る限りでも、わが女性たちのほうが男性より友だちの数は多い気がするのです。女の友情は育たないなんて、女が家制度に縛られていた時代の幻影ではないでしょうか。

１８９９年、「高等女学校令」が発令され、全国に次々と女学校が設立されました。

女性に友情が生まれたのはその頃です。若い女性たちが一日の一定時間家を離れ、同世代の同性だけが集まる共同体を体験したのです。そこに新しい人間関係が生まれるのはごく自然のことでした。

そんな女学校を舞台に女同士の友情を描いたのが、作家・吉屋信子の『花物語』でした。それまで日本文学のなかでは、女性は青年たちの青春物語のスキ間にちょこっと登場する憧れのマドンナか、添えものでしかありませんでした。

それがはじめて女が主人公となって、泣いたり笑ったり、いきいき自由に生きる等身大の姿が描かれたのです。吉屋の小説は、大正、昭和初期の女性たちに大きな影響を与えました。以降、私たちにとって女友だちは〝いて当たり前〟の存在になったのです。

私自身、女子校の出身です。講演でもお話ししたように、その頃の同級生は、何歳になってもかけがえのない女友だちです。もうだいぶ数は減っちゃいましたけど。

女学校がそうだったように、人が集まる場所さえあれば、そこに必ず新しい出会いがあります。心のすべてを打ち明け合うような親友をつくれとは申しません。一緒に何かする仲間がいる。ただそれだけでも心強く、人生は楽しいのです。

触

## コミュニケーション力を上げる補聴器

仲間をつくりたくても「口下手で」とおっしゃる人もいます。でも、コミュニケーションの基本は、自分が話すことより、相手の話を聞くことです。立て板に水のようにペラペラ話す人より、「ふむふむ、それはごもっとも！」などと話をじっくり聞いて

くれる人のほうが好かれるし、その場の雰囲気もなごやかになります。

ただし、肝心のその聞く耳が、最近どうも調子が悪い。そんな人も多いのではないでしょうか。かくいう私もその一人。娘の小言が聞こえにくくなったのは都合がいいのですが、知らんぷりしていると、「今の話、聞こえた? 聞こえない? どっち?」と責められるのでやっかいです。

そこで90歳の年にはじめて補聴器を買いました。ところが、使いこなすまでがひと苦労。うまく調節しないと、新聞をめくっただけでガサガサガサッという大音響が鳴り響きます。これがうっとうしくて放り出したくなるのです。

同じ悩みをもつ人も多いでしょう。しかし、ここで癇癪《かんしゃく》を起こしては、家族との会話もままならなくなります。話の輪に入れず、いつしか人と会うのも億劫になりがちです。耳が遠くなったくらいで孤立しては、残りの人生がもったいない。あきらめてはいけません。

補聴器の値段は本当にピンキリで、片耳で数万円から100万円するものまであります。あまり安いものは雑音が入りやすいので、ある程度の出費は老いの必要経費と割り切りましょう。とはいえ、１００万もするようなものは、よほど専門的な仕事をする方でなければ必要ないと思います。ある程度の質のものなら、自分に合った細かい調節もしてもらえるのでより快適です。

そして慣れるまでは、練習あるのみ。「これ、高かったのよね」と思えば、その練習にも身が入るというものです。

触

# おひとりさまの覚悟

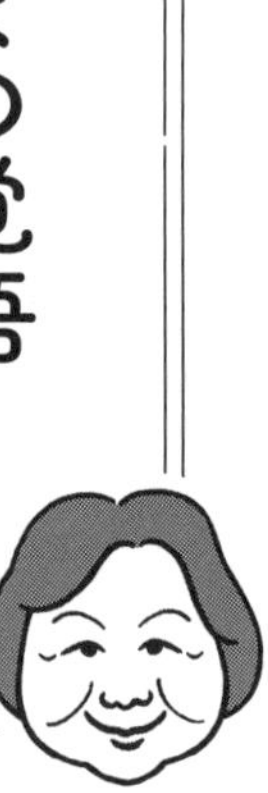

「高齢社会白書」（内閣府・２０２２年版）によれば、65歳以上の一人暮らしの割合は、男性が７人に１人、女性は５人に１人。しかも年々増加傾向にあるそうです。老いて大シングル時代の到来です。

一人暮らしのノウハウを身につけ、烈々たる自立の志を保ち続ける。これは大事。でも、それだけでは老いはまっとうできません。「今はまだ若い。ヨタヘロすらしてないし」と思っていても、いつ何が起こるかわかりません。心の準備はできていますか。

たとえば急に入院や手術が必要になったとき、病院からは身元保証人が求められますが、引き受けてくれそうな心当たりの人はいるでしょうか。

身元保証人は、入院の準備や一緒に治療内容を聞いたり、場合によっては金銭的な負担をしなければならないこともあります。急な容態変化や本人が意識を取り戻さない場合の対応、それに万が一亡くなった場合には、火葬や遺品整理などの手続きも求められます。かなり重要な役割なので、基本的には三親等までの親族にお願いしなければならないようです。

ある有名な女優さんが亡くなり、遺骨の引き取り手がいないというニュースもありました。独身で子どももおらず、身よりがなかったそうです。これからは、こういうケースがあちこちで起きるでしょう。

身元保証人は、高齢者施設へ入居するときも必要になります。今からどうすべきか、考えておかなければなりません。たとえ疎遠であっても親族がいるなら、連絡をとってご縁を復活させておくのが賢明です。

もう顔も忘れたような甥っ子や姪っ子でも、存在そのものが貴重です。多めのおこづかいでも渡して「何かあったらよろしくね」とアピールしておくことも大事。その際は、なるべく若い人を選ぶこと。どっちが先に逝くかわかりませんけれどね。

最近では、身よりのない高齢者のための身元保証を引き受ける民間サービスも増えています。ただ、なかには悪質業者もいてトラブルの数も増えているそうです。政府は法規制も視野に入れて対策を検討中とはいうものの、今はまだのらりくらりと実態把握調査に乗り出したばかり。おひとりさま政策は、まだまだこれからです。

ちなみに、2000年に介護保険制度がスタートしたとき、同時に「成年後見制度」というものもはじまっています。認知症などで判断能力が低下した人の財産を守る仕組みが必要になったからです。

こちらは裁判所へ申し立てて後見人を選任してもらう公的なもの。後見人はたいてい司法書士や弁護士がなりますから費用がかかります。自分が亡くなったら相続争いが起こりそうなほど不動産や財産があるおひとりさまは、この制度もお調べください。

触

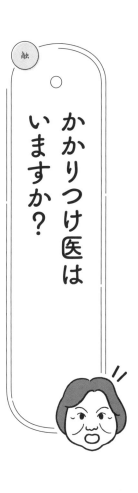

# かかりつけ医はいますか？

おひとりさまが、もう一つ準備をしておきたいこと。それはかかりつけ医を決めておくことです。

日本は治安のよい国ですから、滅多なことでは殺人事件の被害者になることはないでしょう。ただ、自宅で一人で亡くなる可能性は大いにあります。たとえそれが老衰や持病による自然死だったとしても、「これは事件とは関係ありません」という証明書がないと警察沙汰になってしまいます。

その証明書というのが、死亡診断書です。病院で亡くなった場合は医師が作成してくれますが、自宅で亡くなった場合、書いてくれるのは、その人を診察したことのあるかかりつけ医です。

自分が死んだあとのことはもう知らん、と思うかもしれません。でも、警察署の管轄となれば、監察医務院へ送られ行政解剖から司法解剖というものものしい展開となってしまいます。葬儀までによけいな時間がかかって遺族の悲しみも深めます。

そんなわけで、かかりつけ医の存在は大切なのです。いつも診てくれる医師がいれば、ちょっと具合の悪いときも安心です。健康自慢で医者とは無縁という人も、風邪の一つくらいはひいて診察された実績をつくっておいたほうがいいですよ。

触

## 開けっぴろげがちょうどいい

人生のはじまりがそうだったように、人生の終わりにも一人で生きられない日々が待っています。これまでかくしゃくとして生きてきた身、無力を認めるのはむずかしいかもしれません。

でも、誰だって「料理がしんどい」「買い物がたいへん」と感じるときがいつかきます。体調や日々の生活に不安を感じたら、やせ我慢せず周囲の人に打ち明けましょう。心を開いて他人の助けを受け入れる覚悟も必要です。

家族に対しては、「あなたのお世話にはなりません」などと絶対言ってはいけません。

うちの場合、かの娘は、誰に似たのか〝あー言えばこー言う〟の口達者。憎たらしいと思うこともしばしばですが、ぐっとこらえて「ウフフ、よろしくね！」と笑いかけ、気味悪がられています。

もちろん、介護を子どもたちだけにさせよということではありません。介護保険や他人の力を借りるのが、今の介護の前提です。ただ、介護保険のサービスを受けるにしても申請やら何やらこまごまと手を借りることもあるでしょう。猫の手じゃ役に立ちませんから、やっぱり家族は大切なのです。

いざ介護を受けるとなったら、プライドや体裁はとりあえず脇に置き、自分のプライバシーを開けっぴろげにしていくしかありません。

他人は家に入ってほしくないと思う人も多いでしょう。長年培った自分流の家事のやり方にこだわる気持ちもわかります。でも、冷蔵庫を開けられるたびにいちいちギョッとしたり、「そのお皿の重ね方、違うんだけど」などとハラハラしていたら身がもちません。

すべてはヨタヘロのわが身に差し出された救いの手。「お願いします」「ありがとう」と素直に言える〝ケアされ上手〟になりたいものです。

触

## 第二の義務教育はぜひ必要

そろそろ定年間際かと思われる知人に、「65歳になったら、役所の高齢者担当と地域包括支援センター、この２カ所をまず訪れよ！」とアドバイスしたところ、「えー、まだ早くないですか？」とイヤな顔をされました。

まったくもう。まだ若いつもりでいるかもしれないけれど、老いの道は待ったなし。今から知識や情報を集めて何が悪い！　いや、今から準備すべきだと私は思うのです。そもそも介護保険は申請主義です。介護に悩む人のほうから相談をもちかけないと何も起こりません。しかも中身はかなり細分化されています。みなさんが知らないだけで、こんなのどうにもならんだろう、とあきらめかけていた悩みにも、救済の方法があるかもしれません。

ですから、とにかく知るのが大事。知って制度をうまく使いこなすのが、後半の人生を心地よく生きる決め手となるのです。

新入生や新入社員に向けて、オリエンテーションやガイダンスという名の説明会や勉強会があるように、高齢者にも学びの場が必要です。私は、これを人生１００年時代における第二の義務教育とすべきとさえ思います。

私たちに学ぶ義務があれば、国にも一人で生きる国民の最後の時間を、穏やかに幸せにする義務があります。知識がなかったために手を差し伸べられないまま亡くなっていく高齢者を、一人でもつくってはいけません。
財源不足を理由に社会保障費を削ろうなどというけしからん動きもあります。国民が「知らない」のをいいことに、介護保険が改悪などされたらたいへん。やっぱり勉強あるのみです。

触

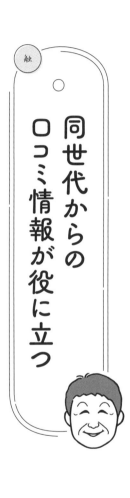

## 同世代からの口コミ情報が役に立つ

樋口さんがおっしゃるように、高齢者のための制度はあっても複雑です。老いの情

報弱者にならないためにも、自分で学ぶのが大切ですね。

同時に、人と人との情報交換も大事。「そういう状態なら、要支援の申請してみたら?」「そのことなら○○さんがよく知っているから、聞いてみるといいよ」という具合に教え合う。年齢が似通っていると、悩みや困っていることに共感し合えるから、本当に役立つ情報がもらえるんですね。

それだけではなく「来月、樋口恵子さんの講演会があるんだって。一緒に行かない?」などという楽しい情報やお誘いが舞い込んでくることもあるでしょう。

その意味でも、同世代の友人や知り合いは一人でも多いほうが心強いしうれしいのです。趣味のサークルでも習い事でも、ちょっとやってみたいなと思ったら、臆さず参加してみるといいと思います。やってみて自分に合わなければ、やめたっていいんですから。

私もそうですが、新しい輪に入るときはちょっとドキドキします。たとえば70歳過ぎてから入った短歌の会もそうでした。

今からはじめてみんなに追いつけるかしら、70代の新入りなんて、ヘンに思われないかしら、などと。でも、これは私の経験から言えることですが、他人は自分が思うほど、自分のことに注目していないのです（笑）。

気心知れた親友、旧友だけと付き合っていれば、気楽かもしれません。でも、それでは世界が小さくなってしまいます。親友も大切ですが、新しい友人「新友」をつくりましょう。私の場合、これまで知らなかったことを教えてくれる人の多くは、60歳過ぎてから知り合った「新友」たちです。

# 一緒に歌おう！

歌うことが好きな人は、カラオケ教室に通うとかコーラスに参加するのもいいと思います。仲間ができるだけではなく、お腹から声を出せばいい運動になるし、ストレスも解消。喉が鍛えられて、誤嚥性肺炎予防にもなるそうですよ。

賛成！　実は私、女学校の頃から歌が好き。2年間だけ東京教育大学附属高校（現・筑波大学附属高校）の混声合唱団に参加したときは、指揮者が、当時、新進気鋭の芥川也寸志さん。

いいオトコだし指導も上手でうっとり♡でした。最後に『第九』を歌ったのはいい思い出です。

国民的童謡『手のひらを太陽に』（作詞・やなせたかし／作曲・いずみたく）をお借りして、私がつくった替え歌があります。「高齢社会をよくする女性の会」の全国大会でも合唱して大いに盛り上がりました。みなさんも、ぜひおうちで大声で歌ってください。スカッとしますよ。

# 替え歌『手のひらを太陽に』　作詞　樋口恵子

われらはみんな　生きている
生きているから　老いるんだ
われらはみんな　老いていく
老いていくから　支えあう
年齢や性別は　違っていても
真っ赤に流れる　血潮は同じ
子どもだって　女だって　年寄りだって
みんな同じ　今を生きている人間なんだ

われらはみんな　生きている
生きているから　出会うんだ
われらはみんな　人に逢う
人に逢うから　うれしいんだ
目の色や肌の色　違っていても
真っ赤に流れる　血潮は同じ
日本だって　外国だって　地球は一つ
みんなみんな　分かちあうんだ　生きる幸せ

われらはみんな　老いていく
老いていくから　歌うんだ
われらは歌う　愛の歌
老いて　命は日々新た

シワが増え　シミもでき　シラガになったけど
真っ赤に流れる　血潮は同じ
朝日だって　夕日だって　おんなじお日さまだ
夕日輝きゃ　明日は晴れるよ　明るい未来

職

働く

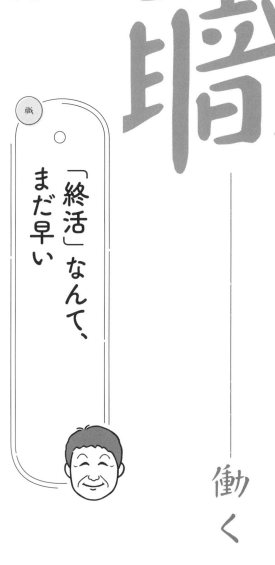

職

# 「終活」なんて、まだ早い

子どもが巣立つまでは頑張って働き、定年退職したらお役目終了。あとは趣味や旅行でも楽しみながら、のんびり余生を楽しもう。これが、これまでの日本人の典型的

な人生設計でした。

でも、ちょっと待って。この人生１００年時代にあって、60代や70代で余生だなんて早過ぎやしませんか。シルバー向けの雑誌には、終活、断捨離、墓じまい……などという言葉が踊りますが、それだってまるで「迷惑をかけずにこの世を去る準備をせよ」と言われているようで、なんだかなぁ。

なにしろ女性の平均寿命は87・09歳（男性は81・05歳）。会社で働いていた人は65歳でリタイアしたとしても、残り22年もあるのです。22年間といえば、オギャーと産まれた子どもも立派に成人します。これだけの年月をただ終わりの準備をして過ごすなんて、もったいないと思いませんか。

ましてや今の60代、70代は元気です。自分で動き回れるし、しっかり考え判断する力ももっています。職人さんの世界では、「10年やれば一人前」とよくいわれます。ということは、今から何かはじめても、その道で食べていける可能性だってあるということです。

表舞台からは下りたとしても、まだまだ社会とかかわっていけるし、人の役にも立てるのが私たちの年代です。終活ではなく、自分に「カツ！」を入れて、これからはじまるセカンドステージを楽しんでいきましょう。

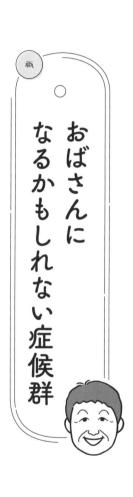

職

## おばさんになるかもしれない症候群

セカンドステージに立ちはだかる最初の敵は、第2章でもお話しさせていただいたアンコンシャス・バイアスです。何かはじめたくても、「もう年だから」「どうせ私は

終わった人」と尻込みしてしまう。

ですが、今は立ちはだかる年齢の壁は分厚く高い……と見えても、過ぎてしまえばそれも幻。な～んだ、くよくよ悩んでソンしたと笑い話になるものです。かつて私自身にもそんな経験がありました。


「明日から私はおばさんだ」

とがっくり肩を落としたのは、29歳から30歳の大台に乗ろうとするときでした。もう私の青春は終わり、男性からも振り向いてもらえない（すでに結婚していたのですが　笑）。大げさですが、人生の一大事のように感じたのです。

ところが、そこを過ぎてみれば30代はとてもおもしろく、刺激的でした。自分が仕事でものになるかどうかわからない、子どもも育てられるのか、そんな不安と迷いのなかにいた20代と違い、やっと開花できたという実感もありました。

「ああ、よかった。でも次は40の大台。今度こそ絶対におばさんだ」

もはや若さは完全になくなり後輩には追い越され、もともとあるともいえない女性としての魅力も目減りするに違いない。暗澹《あんたん》たる思いでした。

しかし、またしてもその予想は、いい意味で裏切られました。管理職に昇進したことで、公務員として手応えのある仕事をすることができました。チームの責任者として新しい経験や出会いにも恵まれました。

その頃になると、もはや年齢を意識することもなくなりました。私の〝おばさんになるかもしれない症候群〟は自然に消えていたのです。

と、話はここで終われば万々歳……なのですが、実はその先があります。

内閣府で局長のポストを務めたのを最後に、57歳で公務員を退いた私は、大学教授という新しい職を得ました。

転職したばかりの頃は、カルチャーショックの連続でした。なにしろ働き方もものごとの決め方も、すべてがこれまでのやり方とは違うのです。不思議の国のアリスになって、逆さま世界に落っこちた気がしました。

管理職だった頃と違って、部下が細かい作業を補佐してくれるわけではありません。職場ではパソコンが普及していて、これに大苦戦。こっそりパソコンの個人レッスンに通い、おそるおそるポツンポツンとキーを打つ日々でした。

「ハァ。私はもう年だ、おばさんだ。いや、おばさんじゃなくておばあさんだ」

こんな自分は場違いなんじゃないか、ここではお荷物なんじゃないか……。またしても年齢の壁にぶつかってしまったのです。

「ほーらね。やっぱり年を取ってからのチャレンジなんかムリ」と思われた方もいるかもしれません。

でも、ぜひ聞いていただきたいのはここからです。

あれから約20年。現在の私は、同じ職場で充実した毎日を過ごしています。やりたいこともまだまだたくさんあって、ワクワクしています。戸惑いと自信のなさで小さくなっていた57歳の自分に、今ならこう言えます。

「おばさんなんてとんでもない。57歳はまだまだ若い。前途洋々です！」と。

母が80代半ばぐらいだったときのこと。70歳前後の人を見て「あの人はまだ若くていいわね」と言っていたのを覚えています。そのとき私は、「70の人をつかまえて、若いはないわよ」と思ったものです。

今になって、あのときの母の気持ちがよくわかります。若さに確たる定義はありません。結局、その人の捉え方次第ということです。

今の私は言い間違いはするし、電気の消し忘れや忘れ物もしょっちゅうです。でも、おっちょこちょいの私は昔からこうでした。年のせいではないのです。

もう若くないと思った瞬間、未来の可能性にカギがかかってしまいます。

終わった人、無用な人などと自分を卑下しないでください。人は年齢を重ねれば重ねるほど、失敗や成功を含めていろいろな経験をします。その分、未熟だった若い頃より総合力が身につき、臨機応変な対応もできるようになります。こうした力を求められる場、活用できる場は、この社会のなかにはみなさんが思う以上にたくさんあるのです。

## 今こそ、私たちの出番です！

１９５０年には、65歳以上の人１人に対して、現役世代（15歳〜64歳）は約12人もいたのに対し、２０２２年にはたったの2人に落ち込みました。少子高齢化はますます進み、２０７０年には65歳以上の人１人に対して現役世代は１・３人との試算も発

表されています。このまま国まかせでノホホンとしていたら、頼みの綱の介護保険も、いずれ危うくなるでしょう。

体力もあって経験豊かな高齢者はたくさんいます。これからは、こうした元気な高齢者が介護を必要とする高齢者をサポートするという考え方をもたないと、やっていけません。

介護の需要は増えているのに、介護に従事する人は少ないのが現状です。一念発起して介護ヘルパーの資格を取れば、仕事の場も見つけやすくなるでしょう。入門資格ともいえる「介護職員初任者研修」には年齢制限はありません。

意欲のある人なら、自分で仕事を掘り起こすこともできます。

「触」の項目で、樋口さんが「身元保証人を探しておいたほうがいい」とおっしゃっていましたが、一人暮らしの高齢者が増えるなか、確かに深刻な問題です。ビジネスや起業経験者なら、そこに着目して身元保証サービスをはじめてみるのもいいかもしれません。

老いのコンシェルジュとして、煩雑な税金の申告や年金の申請、介護認定の申請など、サポートできることはいろいろあります。同じ高齢者同士なら気持ちに寄り添えるし、サービスを受ける側も安心です。

これからは、高齢者発のこうしたアイディアがとても貴重になってきます。

誰かが言い出しっぺになってくれたら、私もやってみたいけど……と待っているだけでは何もはじまりません。健康で意欲がある人なら、まず自分がファーストペンギンになりましょう。

ファーストペンギンとは、天敵だらけの海のなかへ最初に飛び込んでエサを捕る、勇気あるペンギンのことです。この一羽目のペンギンがいるから、仲間たちも安心して次々と飛び込んでいけるのです。

最初は小さなことでいいんです。あなたがチャレンジして成功すれば、誰かが真似をして自分もやってみようと思います。世の中はこうして変わっていくんですね。

少し別の角度の話ですが、私も、大学の改革を通してそのことを実感しました。古くからの良妻賢母育成型の教育を引き継ぐ昭和女子大学で、働く女性を育てるビジネス関連の学科や学部を創設したところ、それが成功。一つのうねりとなって、次々と他の女子大へも飛び火していったのです。

あなたの一歩が、次の一歩につながります。その一歩が「年寄りにはどうせムリ」という年齢の壁も壊します。こうしたプラスの連鎖をどんどん起こしましょう。

職

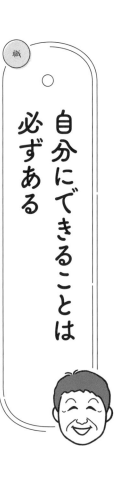

# 自分にできることは必ずある

いくつになってもできることで働きましょうという話をすると、「自分は何もできないから」とおっしゃる方もいますが、そんなことはありません。

たとえば料理や掃除が得意なら、それは素晴らしいスキルです。60歳以上の方なら地域のシルバー人材センターに登録すれば、高い収入は得られなくても、世の中の役に立つことができます。

料理や掃除の腕前は人に誇れなくても、たいていの女性は生活力にたけています。ベッドを整えゴミを出し、銀行や役所との事務連絡、ご近所付き合い、宅配便の受け取り……と、地味でこまごまとした名もなき家事をこなしてきたはずです。

やって当然と思われ誰からもほめられません。自分でも普通にやっていることなので、それほどすごいこととも思えません。でも、こうした山のような雑務を一人で回していくのは、実は相当な才覚が必要です。

誰にも負けない強みはなくても、いろいろなことがそこそこできる。そんなあなたは、それだけでとてもユニークな存在なんです。

ぜひそんなふうに考えてみてください。学生たちによく言うのは、「どうせ私なんて」と自分を低く見積もらず、自分を大切にしようということです。自分を大切にするというのは、わがままを通すことではなく、自分の可能性を信じること。若い人だけじゃなく、私たちも同じです。できることは必ずあります。

裁縫、編み物、貼り絵、染色など、これまで楽しみながらやってきた趣味があれば、それもお金に換えられる能力です。小さな看板を掲げてムリのない範囲で注文生産してもいいし、少額のレッスン料で生徒さんに教えるのもいいでしょう。

知人のなかには、80歳のフラダンスの先生もいます。自宅の一室で行うこぢんまりとした教室ですが、本格的なカルチャースクールへ通うより安いし気楽と、ご近所の方々に人気だそうです。

自由に出歩けなくなった高齢者のために、さまざまなボランティアも考えられます。元美容師さん理容師さんならその技術を生かせるし、ただ話を聞いてあげるだけでも喜ばれます。

やれること、やりたいことがわからなければ、「何かできることがあったら、声をかけて」と周囲に伝えておくだけでもきっかけは生まれます。

スーパーや病院まで車で送ってほしい、この時間帯だけ孫の面倒をみてほしい、買い物を頼みたいなど、ちょっとした手助けが必要な人はたくさんいるはずです。

人がいちばん幸福感を感じるのは、何かを達成したときより人から感謝されたときだという心理学者もいます。人から喜んでもらうことで生活に張り合いが生まれ、生きがいが生まれます。

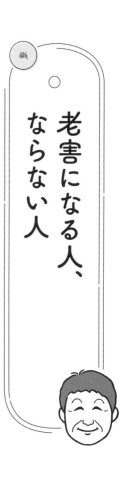

職

## 老害になる人、ならない人

対談させていただいたことがある作家の内館牧子さんの作品に『老害の人』（講談社）というタイトルの小説があります。老害と聞いて、ハッとした人もいるかもしれません。ある人は、「元気なうちは働きたい。でも周囲の人に老害と疎まれやしないだろうかと、実は気が引けていたところです」とおっしゃいました。

でも、そんなに心配しないでください。人は老いただけでは「害」にはなりません。害になるのは、地位やキャリアをカサに着て上から目線でものを言う人、年長者を敬えとばかりに横柄で、若い人の意見に耳を傾けない人。

周囲の気持ちを考えて「気が引ける」とおっしゃるような謙虚な人は、どんな職場にいっても害になどなりませんから、安心してください。

ただ一つ、私自身も心がけているのは、若い人に対して「教えてやろう」と思わないことです。もちろん仕事上指導する立場になることはあります。でも、それ以外では、むしろこちらが「教えてもらう」立場だとわきまえる。

世の中、どんどん変化しています。自分が知らない情報や価値観、今何が流行しているのかなど、聞いてみなければわからないことはたくさんあります。若い人の感覚や考え方に学ぶところも大きいのです。

正直、彼らと話していて「えー！　そんなことも知らないの？」「そんなの常識でしょ」と、あきれることもよくあります。しかし、〝私たちの常識〟と〝彼らの常識〟は違います。

親切のつもりで「それはね……」と教えてあげたところで、喜ばれることはまずありません。あちらにしてみれば、「インスタグラムのアップの仕方も知らないくせに、よく言うよ」くらいの気持ちでしょう。

そんなわけで、素直に「へえ、そうなんですか」「おもしろい、ためになるわ」と、ただただ感心。これで、この人何も知らないんだとバカにされることはあっても、老害と煙たがられることはありません。

相手が若い人に限らず、仲間内でも言いたいことをずけずけ言う高齢者を見かけることがあります。この年になったら、何を言ってもいいのだと勘違いしているのかもしれません。でも、この年になったからこそ大切なのは、批判精神ではなく、相手の欠点や失敗を気にせず受け入れる温かさです。

年を取ったからありのままでいいのよと居直って、反省しない、努力もしない生き方では成長はありません。私たちは、何歳になってもまだまだ未熟です。そして、そう考えるからこそ、明日が楽しくなるのです。

職

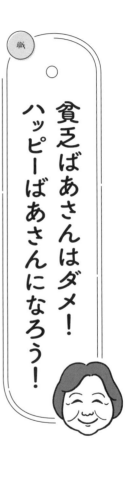

# 貧乏ばあさんはダメ！ハッピーばあさんになろう！

坂東さんの頃もそうだったと思いますが、私が若い頃は、母親が仕事をもっているだけで白い目で見られた時代です。「3歳までは母の手で」という育児神話がまかり通り、やっとつかんだ仕事も、子どもが生まれたら辞めるしかありませんでした。

そのうえ、子どもの手が離れて職場復帰できたと思ったら、今度は舅姑の介護を押しつけられる。泣く泣く離職するケースがあとをたちませんでした。

その結果、女性たちはどうなったか？

ちゃんと正社員になれず、そのせいで低年金。人生100年時代にあって、経済的に苦しい老後を余儀なくされる人が大量に生まれたのです。私はそれをＢＢ（貧乏ばあさん）と名付け、このままでなるものか、みんなでＢＢからＨＢ（ハッピーばあさん）に変身しようじゃないかと提案し続けてきました。

ＢＢ脱却の第一歩は、働くばあさんになることです。いやでも社会福祉にお金がかかるこの超高齢社会。政府だって高齢者の活力におすがりするしかないのです。

「こんなばあさんでいいんですか？」などと遠慮せず、「私しゃ頑張りますよ、世のため人のため」と前向きにいこうじゃありませんか。

働く場をいかにつくるかは、坂東さんのご意見通り。現役サラリーマンのような雇用労働だけでなく、趣味や得意技を使ってのミニミニ・ビジネス、ＮＰＯで働くなどのボランティア就労、何でもありです。

多くの人の老後の不安は、お金、健康、生きがい、孤独にまつわることだと思います。そのすべての不安を軽くし、私たちをハッピーにしてくれるのが働くこと。

91歳になった私も、自分を鼓舞しながらなんとか働いています。みなさんもどんどん世に出ましょう。社会に参加していきましょう。

# 第6章

# 宝ものは
# あなたのなかにある

樋口恵子×坂東眞理子

人生後半をハッピーにするために、
今からタネをまきましょう。
「有形資産」より、
「無形資産」がモノをいいますよ！

# 誰のなかにもある「無形資産」に注目！

老後資金は、いったいいくら必要なの？

そんな不安を抱えている人も多いでしょう。平均寿命は延びたし、女性は男性よりも長生きするらしい。おまけに、年金以外に２０００万円必要などと言われて、さあ、たいへん。とにかく貯金しなくちゃ！

確かにお金の問題を考えておくことは大切です。

ただ、経済状態は人それぞれ。たとえば大企業で定年まで働いた人は、退職金も含めて貯金の額もそれなりにあるでしょうし、リッチな親を持つ人は、ある程度の財産相続を見込めるでしょう。一方、転職続きで苦労した人、自営業で頑張ったけれど結局自転車操業だったなどという人は、貯蓄は乏しいうえに、年金も少額の国民年金だけ。経済状況は個人差が大きいのです。

こんなことを書くと、現役時代に恵まれなかった人は、私って不幸……とガックリしてしまうかもしれません。でも、ここでくよくよ後悔したり人を羨んでもはじまりません。人それぞれ、歩んできた道に優劣はありません。それに人生１００年時代にあって、病気になったり介護が必要になる可能性はみな平等です。どれだけ貯えがあっても、想定外の大きな出費で底をつくこともあるでしょう。

つまり、お金だけに焦点を当てていると、誰にとっても老後は不安と心配だらけだということです。

そこで注目してほしいのが、お金以外の資産です。

資産と呼ばれるものには、「有形資産」と「無形資産」があります。

有形資産は、みなさんがパッと思い浮かべるようなお金や株、不動産などの目に見える資産のこと。対して無形資産は、目に見えない資産です。たとえば、仕事で身につけたスキルや資格、人脈、経験、知識、友情、信頼、健康、人に好かれる力……。今の時代なら、SNSのフォロワー数もその一つでしょう。

無形資産は、今は目に見えませんが、人生を豊かにする何らかの価値を生み出すもの。このお金以外の資産こそが、実は、人生のセカンドステージにとってもっとも大切なのです。

どんなに財産があっても、人を寄せつけず、一人の友人もいない孤独な老後では幸せとはいえません。逆にたくさんの仲間がいて信頼関係を築いていれば、何か困ったことがあっても、誰かが手を差し伸べてくれるでしょう。

手元の10万円の現金は、10年後も10万円です。超インフレになったら、その価値も目減りしてしまいます。でも、その10万円を家族や友人との旅行や食事に使ってコミュニケーションを深めておけば、10年後、お金には換算できない豊かさや幸せとなって返ってくるかもしれないのです。

無形資産は、外に探しにいかなくても誰のなかにもあるものです。それに気づいて、今から磨いていきましょう。

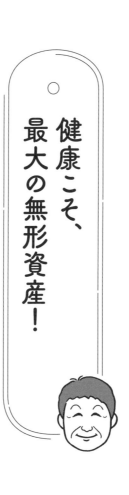

## 健康こそ、最大の無形資産！

老いの最大の無形資産は、健康ではないでしょうか。故・アントニオ猪木さんの名言「元気があれば何でもできる」じゃありませんが、健康でさえいれば少々のムリもきくし、意欲も衰えません。体力があって自分の足で自由に動ければ、年を取っても

どんどん働けます。

104〜107ページで樋口さんと私が紹介したような簡単なエクササイズも、健康という無形資産への投資です。ぜひ楽しみながら続けてみてください。また、50代はホルモンの状態が変わる更年期で、カルシウム不足になりがちです。将来の骨折防止のためにも、できるだけカルシウムたっぷりな食事をとることも忘れずに。

## ○日々、上機嫌で生きる

無形資産のなかには、人間的な魅力、つまり人柄も含まれます。

いくら能力があっても、不満が多い人、人の悪口ばかり言う人、約束を守らない人などは好かれません。逆に、誠実で、気配りができる人は、どんな職場でもひっぱりだこ。私の周囲の高齢者でも、ボランティア団体の理事になってほしいなどいろいろな役職に声がかかるのは、やはり人柄がいい人です。

いつも上機嫌にふるまいましょう。

時々いませんか？　あいさつしても無表情。少しのことで騒ぎ立て、イライラブツブツ文句ばかり言って不機嫌をまき散らす人。相手がそういう人だと、みんな腫れものに触るように気をつかわなければなりません。本人は意図してやっているのかどうかわかりませんが、それはもう一種のハラスメントといっていいでしょう。

仏教に「和顔愛語《わげんあいご》」という言葉があります。穏やかな顔と優しい言葉で、思いやりある態度で人と接すること。上機嫌に通じる言葉です。こういう態度で生きることが、自分自身の癒やしでもあり、まわりの人の気持ちも明るくするのです。

かつて私が『女性の品格』（ＰＨＰ新書）を書いたのも、実はそんなことを伝えたかったからでした。

出版されたのは２００６年でしたが、世の中はちょうどＩＴバブル直後。お金がすべて、稼ぐが勝ちといった風潮でした。第一線で働く女性たちも例外ではありません。人柄など二の次で、他者を蹴落としてでも成功しようとする人が目立ちました。これまで男性社会がしてきたような、競争心や権力欲に取り込まれていたのです。

でも、女性に求められるのは、男性のように働くことではありません。思いやりや優しさ、共感力や協調性といった女性ならではの無形資産を生かし、社会に貢献することです。「品格」という言葉には、そんな思いを込めました。

ときには上機嫌ではいられないこともあるでしょう。そんなときは、過去の楽しかったこと、うれしかったことを思い出してください。自然と笑顔になれるはずです。

私の場合、毎朝、通勤途中の神社をお参りするのが日課なのですが、そのときを〝思い出しタイム〟にしています。

今日は大学時代を思い出してみよう、役所時代を振り返ってみようなど、タイムワープする時代を決めると、スルスルと懐かしい記憶がよみがえってきます。

あんな人にお世話になったな、あの言葉がうれしかったな。

さかのぼれば、たいていそれは、お世話になった人との思い出につながります。出会いもまた無形資産なのですね。自然と感謝の気持ちがわいて、心も晴れ晴れ。

さあ、今日も頑張ろう！　と上機嫌の一日がはじまるのです。

今からはじめる
「かきくけこ」

人生後半を
豊かに楽しく
生きるコツ、
ご紹介します！

## 化けて出るのは、もうや〜めた

人生のどこかで出会った人が、どこでどう巡り巡って味方になってくれるかわかりません。坂東さんがおっしゃるように、人との出会いは、誰にとっても無形資産となるでしょう。しかも、無形資産は有形資産と違って税金もかかりません。ありがたいことではありませんか。

若い頃は憎たらしいと思った人もいます。ケンカもしたし、今にみておれと悔しさをかみしめたこともありました。よっしゃ、電話をかけて再対決だ！　と気負ったことも一度ならず。でも、生きてるうちは負けそうだからやめました。

その代わり、死んだら化けて出てやると、よく夢想しました。化けて出たい人を1号、2号、3号くらいまでは決めて、出たらこう言ってやろう、ああ言ってやろうとセリフまで考え、グフフと笑っていたものです。

けれども、この年になると、化けて出たい人のほうが先にあの世へいっちゃったりして拍子抜け。それによくよく思い起こせば、こちらにも道理に合わない屁理屈や思い違いもあったのです。

私のような者とよくぞお付き合いくださいました。敵対したとはいえ仲間に入れてくださり、ありがとうございました。今は感謝しかありません。

衝突して疎遠になった人とも、年を取ってから関係性が変わることもあります。私が言うのもなんですが、一時的な恨みつらみで、人を排除したり関係を閉ざしたりするべきではありません。人生は長いようで、あとになってみれば、多分一瞬の風が吹き抜けたようなものでしょう。怒ったり恨んだりのネガティブな感情に支配されるのは、時間がもったいないなとつくづく思います。

# いくつになっても「見た目力」を磨く

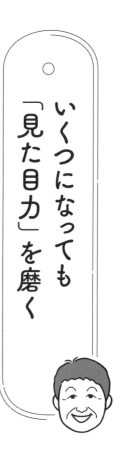

昭和女子大学の学生に、「女性が自信をもってリーダーシップを発揮するにはどうすればいいか？」をグループで提案してもらったことがありました。そのとき驚いたのが、あるグループの「お化粧が上手にできること」という答えでした。

指導力や伝える力は、もちろん大事。でもそれ以上に、見た目をきれいに整え、外から見られる自分をプロデュースすることが自信の源になるというのです。

なるほど！　確かに中身が外見をつくることもあれば、逆も真なり。まず外見を〝それらしく〟装うことで、ふさわしい中身が育っていくこともあるでしょう。

同じことは、年を重ねた女性にも言えるんじゃないでしょうか。

「どうせおばさんだから、どうでもいい」と投げやりになって、肌も荒れ放題で身なりにもかまわない。これでは自分で自分を見捨てたようなもの。活力がなくなり、実年齢以上に老け込んでしまいます。外から見ても〝終わった人〟と軽んじられても仕方ありません。

逆に、きちんと肌のお手入れをしてメイクをし、服装にも気をつかっていれば、いきいきとして若々しい人と好感をもたれます。仕事にせよなんにせよ、いろいろなところからお誘いもかかりやすくなるでしょう。

見た目力もまた、後半の人生を充実させてくれる無形資産なのです。

かくいう私は、首から下は悪いところもなく元気いっぱいですが、首から上にはまるで自信なし(笑)。美人に生まれたかったとは思いますが、そうでないのだからあきらめて、せめておしゃれくらいはちゃんとしなきゃと思っています。仕事がら人前に出させていただくことも多いので、みなさまの目に鍛えられ、なんとかさまになっているかなという状態です。

メイクもファッションも、最初からうまくはできません。私も失敗しながら、だんだん自分に似合うもの、そうでないものがわかってきました。たとえばカチッとしたスーツはいいのですが、フワッとした柔らか素材のワンピースはイマイチ。取材で写真撮影があるときは、柄ものを着ると顔がくすんで見えるので選ばないなど。これでも経験から学びました。

みなさんも、いろいろ試してぜひおしゃれを楽しんでください。「着ていくところがない」などとは言わず、年に一度くらいは、見た目力への投資のためにも新しい洋服を買ってみてはいかがでしょう。気分が上がって、「これを着ていきたい」と出かける機会も増えるはずです。

年を重ねてシミもシワも白髪も隠せません。でも、今になって、この十人並みの器量をほめてくださる方が増えました。見た目力は何歳になっても磨いていけるのです。

# 美人は一日にしてならず

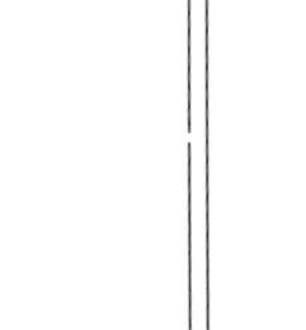

あら、私も坂東さんと同じです。いや、坂東さんは私から見れば「美人」のなかに入ります。私など、小さい頃から不器量だ、鼻が低いとよくからかわれました。それがコンプレックスでけっこう深刻に悩んだこともありました。でも、今の顔はそう悪くないのです（笑）。

男の顔は履歴書というけれど、女の顔も履歴書です。顔立ちが変わるわけではないけれど、生き方が顔に出るというのは本当でしょう。クラス会などに出かけると、みんな同じ年月を重ねたはずなのに、思いがけず垢抜けてキリッと老いている人もいれば、がっかりするほど老け込んだ人もいます。神さまは案外公平で、若い頃の美人度とはそれほど関係ないものなのです。

それに長寿社会というのは、伸びしろが広がる時代。努力が時間切れにならず、報われるまで生きられるのです。何歳からでも遅くありません。努力で見た目力を磨きましょう。

以前訪問したアメリカの老人ホームでは、みな普段着なのにしゃれて見えました。明らかに認知症と思われるお年寄りでも、薄化粧をしてワンピースにアクセサリーもつけ、車椅子に座っていたりするのです。ヨタヘロしてできなくなることが増えますが、おしゃれは、自分でできる残りわずかな自己表現の一つ。これを放棄してはいけません。

それに女性はおしゃれから会話が盛り上がることが多いのです。

「そのスカーフ、ステキ」「その色似合ってる」などとお互いにほめ合って仲良くなることもあります。老いの仲間づくりのいいきっかけになるのです。

私も若い頃のように新しい洋服を頻繁に買うことはなくなりましたが、今もおしゃれをするのが好き。断捨離できず捨てられないので、洋服もバッグもまだクローゼットにゴロゴロあります。

ただ、この年になると、気に入っていたロングコートは重くてだめ。アクセサリーも昔から好きでたくさん持っているのですが、大ぶりのネックレスなどはつけていると肩が凝ってつらくなります。

これらのアクセサリーは、私があの世へいったら形見としてみなさんに分けてもらおうと思っています。娘には一応、「みなさんに回す前に、あなたが好きなものはより分けておいて」と気をきかせたのですが、「そんな年寄りじみたものはいらん」と、えらそうにのたまわった。

そんな娘も、最近になってあれもほしい、これもいいで「みなさんに回す分がなくなるかも」などと言っております。娘も年を取ったということです。

## デジタルオンチにならないで
### ～IT技術も無形資産～

出かけるのが億劫な日でも、パソコンやスマホが使えれば、オンラインで人とおしゃべりすることができます。コロナ時代には若い人の間でオンライン飲み会が流行ったけれど、私たちだってオンラインお茶会をしてもいいですね。

以前はデジタルなんて、年寄りに馴染みのないものはやめてくれと思っていたんです。でも今は、コミュニケーションの手段は、多種多様にいくつかもっていたほうがいいと思い直しまし

た。耳が遠くなってもメールは読める、歩けなくなっても誰かと会える。老いの多様化に備えるためです。

スマホで予約しないと、お芝居や美術館のチケットも取れない時代になりつつあります。今からでも遅くありません。楽しみを失わないためにも、練習しましょう。

# おわりに

樋口恵子さんがお話してくださった老いの悲喜こもごもに、ときに大笑いし、ときにしみじみ。そして、誰一人置き去りにされることなく幸福な生涯であるべきという高齢社会に対する思いとご提案に共感しました。

大いに刺激され、活力をいただいた時間でした。

『最も強いものが生き残るのではなく、最も賢いものが生き残るのでもない。唯一生き残るのは、変化できるものである」

進化論のダーウィンが遺した言葉です。

私たちがこれから体験する超高齢社会は、樋口さんがおっしゃるように人類未踏の地。これまでの人生設計や価値観がひっくり返ってもおかしくありません。私たちもまさに変化していかなければなりません。

健康第一で無理せず、人に迷惑をかけずひっそり生きていけばいい……などというこれまでの高齢者の〝当たり前〟にとらわれず、みんなが今もつ力をもっと自由に自分らしく活用していけたらいい。

本書では、そんな思いをお伝えしたつもりです。

樋口さんがお手本になってくださったように、これからは私も私なりに精一杯生きて次の世代へバトンを渡していけたらと思います。みなさんも、楽しい、うれしい、おもしろいと実感できる時間をできるだけ積み上げながら、老いの海を一緒に力強く泳いでいきましょう。

最後までお付き合いくださり、ありがとうございました。

坂東眞理子

<著者略歴>

**樋口恵子**（ひぐち・けいこ）
1932年生まれ、東京都出身。東京大学文学部卒業。時事通信社、学習研究社勤務などを経て、評論活動に入る。東京家政大学名誉教授。同大学女性未来研究所名誉所長。NPO法人高齢社会をよくする女性の会理事長。内閣府男女共同参画局の「仕事と子育ての両立支援策に関する専門調査会」会長、厚生労働省社会保障審議会委員、地方分権推進委員会委員、消費者庁参与などを歴任。『大介護時代を生きる』（中央法規出版）、『老〜い、どん！② どっこい生きてる90歳』（婦人之友社）、『老いの玉手箱』（中央公論新社）、『BB（貧乏ばあさん）の逆襲』（光文社知恵の森文庫）、『老いの地平線』（主婦の友社）など著書多数。

**坂東眞理子**（ばんどう・まりこ）
昭和女子大学総長。1946年富山県生まれ。東京大学卒業後、総理府入省。95年埼玉県副知事。98年オーストラリア・ブリスベン総領事。2001年内閣府初代男女共同参画局長を務め03年に退官。04年昭和女子大学教授、同大学女性文化研究所長。07年に同大学学長、14年理事長、16年から現職。著書に320万部を超えるベストセラーの『女性の品格』（PHP研究所）をはじめ、『女性の覚悟』（主婦の友社）の他、『70歳のたしなみ』（小学館）、『思い込みにとらわれない生き方』（ポプラ社）など多数。20代から仕事と執筆を精力的につづけながら、同時に出産、子育て、転職、親の介護、孫の育児手伝いなども経験。趣味は読書、短歌。

協力：世田谷区立男女共同参画センターらぷらす

人生100年時代を豊かに生きる　ヨタヘロしても七転び八起き

---

2024年1月1日　第1刷発行

著　者　樋口恵子　坂東眞理子
発行者　谷本将泰
発行所　株式会社ビジネス社
〒162-0805　東京都新宿区矢来町114番地 神楽坂高橋ビル5F
電話　03(5227)1602　FAX　03(5227)1603
https://www.business-sha.co.jp

〈装幀・本文デザイン〉谷元将泰
〈本文組版〉茂呂田剛（エムアンドケイ）
〈写真〉小山貢弘
〈編集協力〉金原みはる
〈印刷・製本〉中央精版印刷株式会社
〈営業担当〉山口健志
〈編集担当〉山浦秀紀

---


ISBN978-4-8284-2587-0